阅读日本
书　系

社区的集团动力学

［日］杉万俊夫　编著
周　洁　审译
苏米雅　　译

笹川日中友好基金
The Sasakawa Japan-China Friendship Fund

世界知识出版社

Community no Group Dynamics
Copyright © 2006 Toshio Sugiman
Chinese translation rights in simplified characters arranged with Kyoto University Press Inc through Japan UNI Agency, Inc., Tokyo

图书在版编目（CIP）数据

社区的集团动力学／（日）杉万俊夫编著；周洁等译.—北京：世界知识出版社，2013.5

ISBN 978-7-5012-4482-9

Ⅰ.①社… Ⅱ.①杉… ②周… Ⅲ.①.社区建设—研究 Ⅳ.①C912.8

中国版本图书馆CIP数据核字（2013）第101874号

著作权合同登记号：图字01-2013-1191号

丛 书 名	阅读日本书系
书　　名	社区的集团动力学
作　　者	［日］杉万俊夫
译　　者	周洁 审译 苏米雅 译
出 版 者	世界知识出版社
社　　址	北京市东城区干面胡同51号　　邮 编 100010
网　　址	www.wap1934.com
经　　销	新华书店
责任编辑	罗养毅
责任出版	刘 喆
责任校对	张 琨
照　　排	北京世知文化创意有限公司
印　　刷	北京京科印刷有限公司
开　　本	960×640毫米　1/16　10¼印张　140千
版次印次	2013年6月第一版 2013年6月第一次印刷
书　　号	ISBN 978-7-5012-4482-9
原书书号	ISBN 4-87698-805-6
定　　价	26.00元

＊ 版权所有　侵权必究

阅读日本书系编辑委员会名单

委员长：
谢寿光　社会科学文献出版社社长

委　员：
潘振平　三联书店（北京）副总编辑
路英勇　人民文学出版社副总编辑
张凤珠　北京大学出版社副总编辑
谢　刚　新星出版社社长
章少红　世界知识出版社副总编辑
金鑫荣　南京大学出版社副总编辑

事务局组成人员：
杨　群　社会科学文献出版社
胡　亮　社会科学文献出版社
梁艳玲　社会科学文献出版社
祝得斌　社会科学文献出版社

中文版序言

《社区集团动力学》一书是京都大学教授杉万俊夫先生通过自己多年的田野调查运用群体动力学理论写就的一本既有理论又配有大量实践的专著。这本书在以下几个方面对中国读者有现实的参考意义。

首先,"村落建设"(中国叫"新村建设")在中日两国都曾有过诸多的实践和成果,如20世纪初的中国学者晏阳初、日本的宫泽贤二等均在这个领域做出过重大贡献,是极具代表性的人物,具有划时代的意义。20世纪中叶的60年代,日本随着经济的高度成长,村落发展中出现了许多问题,最为突出的是由于大量劳动人口涌入城市所带来的人口过疏化问题,本书第二章就是针对这一问题展开的,书中的"零分之一"运动就是在以往的日本村落既存体制下如何发挥村落群众每一个人的自主性所进行的振兴地方经济的活动。我们可以看到通过这样一种全民参与的实践活动给该地区经济、社会结构等带来了前所未有的变化,给日本农村地区如何发展提供了一个活生生的范例。同时,在中国经济急速发展的三十年间,我国农村地区也出现了诸如老龄化、空巢化、妇女儿童留守家乡等与日本极其相似的现象,日本的经验无疑会对我国的这些社会现象起到启示性作用。

其次,经济高度增长,提高了民族国家内部的利益,但与此同时,它带来了环境破坏、少子化、高龄化问题,并引发了福利、教育、家庭等诸多问题。这类问题不仅在日本,而且在中国、乃至世界成为普遍关心的公共问题,因此如何解决这些问题不仅是中日两国，也是摆在我们人类面前的公共问题。本书所介绍的日本在医疗、教育、防灾、领养等方面所进行的实践尝试同样对今天中国社会如何解决环境、养老、医保等亟待解决的问题提供了一种解决样式和方法。

另外，这本书对于中国读者从学术角度了解日本的志愿者行动的方方面面均具有极高的参考价值。日本的志愿者行动在1995年阪神大地震后发展壮大，经过十数年的发展，形成了较为完善的运营机制和组织结构，在日本的各个领域（如本书中的医疗、教育、防灾、认领孤儿）发挥着积极的、良性的作用。书中所介绍的诸多范例有一个共同特点，那就是这些活动均是非政府主导的由全体市民按照自己意愿参与的全民活动，具有极强的市民参与意识和社会主人翁意识。

村建运动中所反映出的市民运动在中国是一个新鲜事物，无论从组织结构、还是运营模式、活动内容等方面还处于初级发展阶段。如何完善志愿者组织，使之规范化、合理化、人性化是需要我们花费时间不断进行摸索的事业。而日本对此的有益经验和教训也值得我国借鉴和学习。它对于中国社会市民意识的培养、社会良性结构的形成和推进都具有较强的参照作用。

在本书出版之际，首先感谢著者京都大学杉万俊夫教授的热情指导和帮助，杉万俊夫教授在百忙之中对本书的疑难问题给予了诸多启发式指导，使得该书的翻译工作能够得以顺利完成。

感谢中国社会科学院社会学研究所研究员罗红光博士拿出宝贵时间对本书的专业名词进行的细致订正并提出许多宝贵意见。他认真负责的态度以及细致入微的工作精神保证了本书的翻译质量。还要感谢纽约州立大学建筑学留学生焦一博同学对书中的插图进行的修改和订正。感谢世界知识出版社多年来的合作和理解，使得本书能够顺利在中国出版。可以说该书的翻译凝聚了许多人的心血才得以完成。问题的公共性使得人们跨

中文版序言

区域、跨文化地讨论与合作,这恰恰也是该书的基本精神所在。

由于译者的水平有限,难免有许多错误之处,敬请广大读者提出批评和指正。

译 者

2012年7月15日

前　言

一、社区的时代

当今时代被称为"社区的时代"。此前，20世纪60年代至70年代或80年代末泡沫经济崩溃的这段时期，则是"企业的时代"。正如日本电视广播协会（NHK）的节目《任务X——挑战者们》中出场的那些企业战士们，各行各业的人们在工作岗位上兢兢业业，极尽所能地支持日本的经济发展。随着经济成长，至少在物质方面，日本脱离了贫困，达到了与欧美相比也毫不逊色的水平。双休制也顺理成章地得以实现，增加假日使人们有条件在业余时间为其他事务投入精力。投身于自己的居住地区、社区的活动，也成为一个选择。

把目光转向社区，也是时代的要求。摆脱了贫困的时代，亦即全国范围内必需的最低限度的基础设施完备的时代。在交通部门、河道开发、学校、福利设施等方面无论是质还是量皆有不足的时代，燃眉之急便是将这些设施的完善程度提升到一定的水平。全国各地的自治体都存在各种不足，希望政府能针对这些不足采取适当的措施。而政府则纵观全国，在有限的预算范围内，只能按优先度排序，尽可能地实现国家的均衡发展。虽然还存在不足之处，但随着经济的成长，最低限度的基础设施建设有了很大的发展。今后必须重视的则是针对各地区的具体情况实行个案计划。中央政府无论从多高的高度纵观全国各地，也有中央政府的视线所达不到的地方的特殊情况。如果不把这些特殊情况纳入规划之中，结果只能是导致浪费。与此同时，脱离了贫困，在物质方面有了一定保障的居民需求也随之多样化。区域的特殊情况也包括居民的各种需要。即使在相同的自然环境之下，以同样的产业为区域支柱，居民的需求也因历史文化的不同而不同。这种包含了居民的需求在内的"特殊情况"，只有当地居民清楚。

二、从依赖政府到居民主体

一概而论的"地方居民"，在立场上也分政府方和居民方。一直以来，地区事务全部被依托于政府。如果出了什么问题，就怪政府没有尽到责任。对区域问题的思考，也就等于对政府的施策问题的思考。在急需最低限度的基本设施建设时期，为了促进当地基础设施的发展，也只需对政府施压。这种理念的背后隐藏着"我们每天工作，地区的事情由政府来办即可"的想法。

正如中央政府主导的地区计划达到了极限，地方政府主导的地区计划、地区运营也达到了极限。可以说，仅仅听取居民意见的姿态已经不够了。居民不止单纯地传达地方上的情况，也将自发地为实现需求而行动。政府和居民，即便偶尔有关系紧张的时期，也能共同摸索前进的方向——社会需要的正是政府的这种态度。政府方面也许会有如下意见："日本是议会制民主主义（间接民主主义）国家。因此议员是居民的代表，政府官员遵从议会的指令行动，也就是遵从居民的意愿行动。如果，行政官员随意融入到普通居民中，受到偶遇的市民或是很有号召力的市民的片面影响，有可能造成行政不公"——这是大多数的政府官员有意无意所持有的根深蒂固的信念。

这不是否定议会制民主主义。理所当然地，由居民选举产生的议会是民主主义的根基。但如果认为居民要实现自身的需求只有通过由选举产生的议会这一条途径得到满足的话，会招来民主主义的僵硬化。居民通过自己的行动改变居住环境，这种行动的意义，议会是绝对不能够代替的。居民、议会、政府三者应该建立起在维持具有张力关系的同时，又具有相互刺激促进的关系。为此，政府必须更要面对居民，居民则更要有主人翁的精神来努力改善地区现状。

三、区域建设的乐趣

居民对自身所处的区域问题进行思考并且采取行动——这虽然有些辛苦，但尝试一下也很有趣。

第一，相对于企业只是将分工体制的一部分划分为守备范围，区域建设则要求立足于区域的全方位视角上的整体性构思。换句话说，就是要让居民们在对区域全局的角度思考中获得享受（乐趣）。区域中包括企业、自然、教育、福利等。即便个人直接着手的问题只是其一，但根源处却有着相互的连接，从而真正构成区域"系统"。

第二，创建区域能够扩大人际关系。特别是以本区域为主体开展活动，促进与其他区域的接触，从而开阔自己的世界。如果只专注于本区域，只在本区域恶战苦斗，很难使区域发生改变。因此，通过开阔视野、对外交流来带动本区域的发展就显得非常重要。目光未必要局限在持有当地居民证的人身上。一次次从外地前来拜访、关心本地发展的人们，远在其他区域、却面临着和本地同样问题的人们，如果能够联合这些人，让他们直接或间接地参与到本地的区域建设中来，往往能够找到意料之外的突破口。

第三，区域建设是一种创作性活动。参与区域建设的一位女性表示，"区域建设这一宏大的创作领域，甚至具有艺术属性"。以前，居住在同一社区的居民之间有着普遍的人际关系——当时大多数人所居住的农、山村通过村社相互连接，这种关系甚至连带着城市。然而，如今的社区所追求的未来发展，即便与过去的乡村、城镇有所相似，也绝不可能是指回到过去。时代在变，社会也在变。即使过去的情况能够带来种种启示，现在的区域建设毕竟是一种新的"创造"。

四、各种主线——各章概要

那么，以什么为主线来改变区域呢？区域建设、社区改革的主线多种多样。本书中的五章（第2～6章）分别围绕居民自治、

前　言

区域医疗、教育、防灾、（无血缘）子女抚养几条主线对社区建设、社区活力建设进行介绍和分析。

第1章则将首先介绍本书的学术基础——集团动力（group dynamics）学。同时，第2至第6章每章的最后部分，将结合第1章中所介绍的集团动力学理论进行考察。比起理论，对社区改革的实践事例更为关心的读者，建议直接从第2至第6章中挑选感兴趣的章节阅读，各章末的理论考察部分可以略过不读。以下对第2至第6章的内容进行概述。

第2章对地处深山人口稀少的某地20年间所开展的活力建设进行介绍。这场运动最初仅由两位居民发起，并建立了由约30人组成的支援小组。在这个保守、封闭及强者支配色彩极其浓厚的地方，这种可谓激进的活动随着不断获得的成果，渗透到了地区政府。该地区约90个村落也各自展开运动，居民们描绘自己心目中10年后的区域未来景象，并以此为目标推动居民自治。这场居民自治运动被赋予了一个奇妙的名称，叫做"零分之一运动"，意寓在"什么都没有"的状态下创造出最初的"一"，实现"无限的跳跃"。本章探寻约20年间活力建设的轨迹，论述"零分之一村建运动"的始末、该运动的具体内容、对各村落的影响以及分析参加运动的村落居民的问卷调查结果。

第3章介绍的是在医疗制度难以推行的城市周边地区创建以居民为主体的地方医疗体系的运动。在多数情况下，医疗的施予方和接受方是被明确划分开来的。以医生为中心的医护人员是医疗的施予方，而患者则是医疗的接受方。即便是在知情同意（informed consent）的场合下，尽管体现出了医生对患者意愿的听取和尊重，但施予者·接受者的基本定位依然没有改变。那么，什么是"以居民为主体"的地方医疗呢？本章所谓的"以居民为主体的地方医疗"，具体来说，就是居民作为主体自主建立并经营医疗站。由个体的私人医生或私人部门作为医疗法人设立并经营医疗机构，称为"民设民营"；由政府设立并经营医疗机构，称为"公设公营"；由政府设立医疗机构、并委托私人医生经营之，则称为"公设民营"。而以居民为主体的地方医疗所要进行的尝试，就是建设"居民设立·居民经营"的医疗站。

第4章所介绍的活动，最初是在2002年4月以学校的完全双休制的实施为契机而开始的，由居民们每周六亲自对儿童进行教育。目前，学校、私塾和家庭担任着教育的责任。然而在以前，社区也曾经是一个重要的教育平台。即使是别人家的孩子，如果作出让人看不下去的行为，也会受到大人的叱责（这种叱责是被允许的）。城市中每年都有不少大人小孩参加的例行仪式或集体活动，孩子们可以在这些活动中接触到许多有趣的大人。即使并非有意思的"教育"行为，地方也在担当着教育儿童的角色。反过来，对别家的孩子漠然无视，则是相当异常的行为。天真活泼地跑来跑去的孩子、躲在房间角落里的孩子、叽叽喳喳吵个不停的孩子、只会用轻不可闻的声音说话的孩子——这些孩子们的身影，却和大人们自己或是朋友的孩提时代重叠在一起。可以想象，会有不少大人希望和这些孩子们共度愉快的时光。

本章中所介绍的活动，既可上升到区域建设、社区活动的高度，同时也是一种"轻松"的活动，仅仅是让希望和彼此共处的大人与小孩聚集到一起。只从这个角度来看，这样的活动简单轻松到随时都可能中断。但是，大量开展此类活动，依靠它们的新陈代谢，却恰恰为社区创造了改革的土壤。

第5章介绍了一个旨在提高地方的抗灾能力，以抵御突如其来的自然灾害的特定非营利活动法人组织（NPO）[①]。该非营利组织建立的契机始于1995年的阪神·淡路大地震，一群参与了当时救援活动的人希望能够将灾区的经验教训推广到他们自己所居住的地区（名古屋地区）。此外，当本地发生水灾，或是外地发生灾害时，

[①] 日本的非营利组织（NPO）分为广义和狭义两种：广义的称为"非营利组织"；狭义的称为"特定非营利活动法人"，指以开展基于《特定非营利活动促进法》（1998年3月颁布）的特定非营利活动为主要目的、并依照此法设立的法人，亦称"非营利组织法人"。——译者注

前　言

他们第一时间赶赴现场展开救援。这些救援活动，也为平时的防灾活动积累了重要的经验。相比之下，以往的防灾活动，都是以地方政府主导的形式展开的。然而近来，人们开始认识到政府主导方式的局限，并逐渐将目光转向如何实现居民参与型的防灾活动。那么，如何实现居民参与模式呢？这个问题的答案之一就是"政府—非营利组织—普通居民"这一包含非营利组织在内的结构，即"政府—普通居民"的结构之下难以实现的居民参与模式，借助非营利组织的媒介功能得以实现。然而，这里的非营利组织并不仅仅是政府的左右手、政府与居民之间的斡旋者，而是作为防灾救灾的专家，以主体的立场对地方政府积极进言，甚至是提出忠告。

第6章探讨了无血缘的"亲缘关系"，亦即通过领养关系结成亲子关系，组建家庭，并进一步构成社区。本章着重介绍了帮助这种家庭作为社区的一分子享受正常生活的支援网络。

出于当事人各种各样的原因，有些儿童无法得到亲生父母的抚养。这些儿童大部分由孤儿院、儿童护养机构等集体抚养。但是，这种从婴儿期就开始的"集体抚养"方式，由于儿童与特定抚养人稳定关系的缺失，绝非儿童成长的理想环境。为了使那些亲生父母无法抚养的儿童通过与特定的成人之间建立关系，得以在家庭环境中成长，领养是一个有力的选择。此外，对于想要孩子却无法生育的夫妻而言，抱养子女也是一个选择。尽管如此，在缺乏血缘关系的养父母和养子女之间，要建立起亲子关系不是一件容易的事。该非营利组织即从事无法得到亲生父母抚养的儿童和无法生育的夫妻之间的中介工作，帮助他们完成领养。但他们的工作并不止于领养关系的确立，同时还在建立一个网络，使这些非血缘亲子聚集到一起，彼此关怀、彼此激励。这种"无血缘亲缘关系"让我们重新思考通常意义上的血缘关系的存在形式。

五、集团动力学

本书立足于集团动力（group dynamics）学这一学术立场探讨

社区的集团动力学

社区问题。许多读者会问:"什么叫集团动力学?"这里所谓的"群体",指的是由一群人及其环境构成的整体的概念。请注意群体所包含的不仅仅是人,还包含了他们所处的环境。另一方面,动力学则是关于运动、变化的学科。集团动力学认为群体保持不断地运动、变化。研究群体动态的学科叫做集团动力学。集团动力学与以往的心理学比较有两大特征。一是,对内心世界(心灵和头脑的世界)的解释;二是,研究者的研究姿态。以下对此进行简单的说明。

对心理主义的否定

集团动力学在解释群体的现象时,不以个体的心智(或思想)为出发点。此外,也不会把群体的现象还原到个体的心智或者头脑的世界进行解释。一言以蔽之,不采取心理主义的立场。心理主义以特定的人类形象为前提。这种人类形象认为人是"包藏着心灵的肉体"。肉体内含心,感情寄予心灵,被认为是进行各种思考和判断的重要基座。然而正如第1章中所要陈述的,这种人类形象即便已经成为我们的常识,如果缜密地考察便可知晓,这只不过是特定的生育史背景以及历史背景下的产物。因此,它绝非唯一的出发点。

我们立足于社会建构主义这一新的抽象理论(区别于人生哲学的研究哲学),以"所有的行为(包括认知)及其对象,都仅仅是动态的集团(集体流变)①中的一个环节"为出发点。所以,"人是包藏着心灵的肉体"这一常识,不像数学公式般的理论建构,而是要在理论建构过程中对其成立进行解释,同时慎重地避免把群体的现象还原为心、脑世界的做法。

反过来,当我们审视当下的心理学形式,就会发现心理学正

---

① 按照作者的原意,"集合体"意指存在于一个整体中的人、物、事,他们共同构成了集体意识和集体行动的内涵。文中使用的"集体流变"也是在此基础上加入了"变动"的在含义,将结构纳入动态过程的分析中。——译者注

前　言

在向微观社会学（社会科学[①]）和宏观生理学（自然科学）两个方向分化[(2)]。社会科学是立足于前文所述的社会建构主义的科学。与之相对的，"(a)心理实验表明存在某某倾向。(b)其原因是脑的某部位的某某现象"——在上述形式的生理学研究中，前半段（a）就属于宏观生理学的范畴。无论是与后半段（b），还是更进一步的分子水平上原因的研究相比，都确实是宏观的（概括性的）生理学。另一方面，微观社会学尽管保持着与"内藏于肉体之中的心灵"这一言说的接点，但所研究的始终是群体。与研究社会结构、社会变动的宏观社会学形成对比的是，微观心理学是从微观（细致的）视角研究大小各种群体的社会学。当然，集团动力学的目标是微观社会学。即使对作为实体的心或是作为功能的心加以否定，但我们在日常生活当中使用"心"一词，并使此词贯穿着社会生活是不争的事实。集团动力学绝不回避这个事实。但有一点很重要，那就是把"心灵"彻底地理解成为一个言说。包括"心灵"这一言说在内的集体流变对集团动力学来说是重要的研究对象。本书之所以作为"心灵的宇宙"这一系列中的一册出版，其原因也正在于此。

心理学向两个学术领域的两极分化，并不是否定两个学科之间的合作关系。这两个学科领域仅在研究姿态上相异，但都是在挑战人类这一共通的课题。不同的学科就同一课题开展研究是非常必要的，这种跨学科研究也在大量开展。甚至可以说，健全的跨学科研究是从把彼此的区别转化成各自的特色开始的。在此意义上，明确两种心理学的区别是非常重要的。我们绝对不能犯下将应该在社会科学立场上开展的研究，强行放到自然科学的立场上进行研究的愚蠢错误。

现象内在化的研究姿态

前文简述了集团动力学立足于"一切行为（包括认知）及其

[①] 日文原文中使用的"人间科学"是由英文"human sciences"翻译而来。鉴于作者及本书属于社会学领域的内容，中译本中统一使用"社会科学"。——译者注

社区的集团动力学

对象皆只有作为动态的群体（集体流变）中的一个环节方可存立"的社会建构主义立场。更确切地解释社会建构主义立场，就是"行动（包括认知）及其对象只有内含于某种集体流变中才会存立，它们只是集体流变中的一个环节"。现在，假设读者以本书为对象进行读书这一行为，这绝不是仅仅关乎读者的单独现象，而是读者已经置身于某种集体流变之中的证明（详见第1章）。立足于社会建构主义的立场之上，就并非只有研究者的行为和认知处在特权地位了。研究者的行为和认知也只有当其处于集体流变之中方可成立。比方说，研究者能够加深对某一研究田野的认识，这就意味着该研究者处在该田野的集体流变之中，而绝不是研究者从外部观察该田野。

细想之下，这些都是不言而喻的。当田野的活生生的人们，和同样身为活生生的人的研究者结合在一起时，彼此产生相互作用是必然的。研究者若要加深对田野的理解，唯一的途径就是加深与田野的人们的相互作用。不论好恶，研究者和田野的人们站在同一个平台上，建立起共事的关系（协作实践的关系）。这种理所当然的事实为何一直未被接受呢？原因是自然科学主义的影响根深蒂固。非自然科学则不成学问——这种误解对以往的心理学造成很大的弊端。原本应当从社会建构主义立场开展的研究，被置于自然科学的立场上进行[3]。

集团动力学不仅要理解研究者与田野当事者之间的协作实践的发展，更要进一步思索协作实践的学术使命。与田野的当事者开展协作性实践，在此过程中共同酿造知识，并共同传播知识——这就是集团动力学的研究姿态。研究者写的论文也好著作也罢，其实质都是与田野的人们的合作结晶。本书的第2至第6章也不例外。

本书的第2章、第5章、第6章分别基于下述已发表的论文撰写而成。但每章均对原稿进行了较大程度的改写。

前　言

[第2章]河原利和、杉万俊夫（2003），人口稀少地区的居民自治系统的创造：关于鸟取县智头町"零分之一村建运动"的居民意见调查，实验社会心理学研究（日本集团动力学学会会刊），42卷2号，101-119页。

[第5章]杉万俊夫、渥美公秀、井上雄策（2003），市民参与对社会防灾能力的强化及救灾非营利组织的作用：非营利组织"救援储备站"（RESCUE STOCKYARD）的个案研究，京都大学防灾研究所年报，第46号B，99-104页。

[第6章]乐木章子（2005），一个建立"无血缘亲缘关系"的网络：非营利组织法人"环之会"的个案研究，实验社会心理学研究，（日本集团动力学学会会刊）44卷1号，15-26页。

● 前言引用文献 ●

（1）沟口喜田子，《いい宿の前にいい町を！》，全国町村会・町村研究论坛（编）《地域を担う人材：人を育て、人を活かす》，288-289，1993年。

（2）杉万俊夫，《社会構成主義と心理学》，下山晴彦（编）《心理学論の新しいかたち》，66-84，诚信书房，2005年。

（3）在心理学领域，最早也是最活跃地探讨社会建构主义的，应该是科尼斯・格根。Gergen（1994a），从社会建构主义的立场出发，对以往的心理学的问题点进行了深入的探讨和批判。

格林（1994b），更进一步提出了基于社会建构主义的具体研究的方向性。

格林（1999），提取社会建构主义的精华进行深入浅出的解说，方便普通人理解。此三部著作均有日文版出版。

Gergen, K. J.（1994a）*Toward transformation in social knowledge, 2nd ed.* London: Sage. 杉万俊夫、矢守克也、渥美公秀（监译），《もう一つの社会心理学―社会行動学の転換にむけて》，ナカニシヤ出版，1998年。

Gergen, K. J.（1994b）*Realities and relationships: Soundings in social construction.* Cambridge: Harvard University Press. 永田素彦、深尾誠（翻译），《社会構成主義の理論と実践―関係性から現実をつくる》，ナカニシヤ出版，2004年。

　　b 东村知子（翻译），あなたへの社会構成主義，ナカニシヤ出版，2004年。

目 录

第1章　集团动力学 .... 杉万俊夫 1
　第一节　何谓集团动力学 1
　　一、动态的集团 1
　　二、研究姿态 3
　　三、两种元理论——逻辑实证主义与社会建构主义 5
　　四、社会建构主义——针对什么的反论 7
　　五、自然科学与社会科学 8
　第二节　当事者与研究者的协作性实践 10
　　一、当地 10
　　二、价值与目的 11
　　三、初级调查与次级调查 11
　　四、互动现场 14
　　五、理论 15
　第三节　集团动力学理论 16
　　一、规范理论 17
　　二、运动理论 29

第2章　自治：人口稀少地区的居民自治体系的
　　　　创造 .... 杉万俊夫 43
　第一节　人口稀少问题与人口稀少地区的活力建设 44
　　一、人口稀少问题 44
　　二、人口稀少问题的质的变化 45
　　三、人口稀少地区活力面临的重要课题 47

第二节　智头町"零分之一村建运动"..................49
　　　一、智头町的概况......................49
　　　二、"零分之一运动"的背景与概要..........50
　　　三、"零分之一运动"的规则..............53
　　第三节　村落建设运动的兴起..................56
　　　参加村落运动的事例....................56
　　第四节　"零分之一运动"的实况调查............69
　　第五节　基于规范理论的考察——赠与和攫取的连锁........75

第3章　医疗：以居民为主体的地方医疗...........杉万俊夫 78
　　第一节　发源地——西阵........................79
　　第二节　以创建居民为主体的医疗站为目标..........81
　　第三节　以医疗为中心的区域活力建设..............88
　　第四节　基于运动理论的考察....................89

第4章　教育：市民小组的"学校"教育...........东村知子 92
　　第一节　在轻松的活动中感受教育................92
　　第二节　"寝屋川寺子屋"的由来................94
　　第三节　轻松的活动与重要的课题...............101
　　第四节　基于运动理论的考察..................106

第5章　防灾：建立强有力的
　　　　抗灾社区....................杉万俊夫、柴田慎士 109
　　第一节　灾害非营利组织......................109
　　第二节　救援储备站（RESCUE STOCK YARD）......113
　　第三节　日常的防灾活动......................114
　　第四节　灾害时的救援活动——协调志愿者..........116
　　第五节　地方政府、非营利组织、普通市民..........118
　　第六节　基于规范理论和运动理论的考察
　　　　　　——日常性与非日常的衔接..............120

目 录

第6章 家庭:"无血缘亲缘关系" ....乐木章子 125
第一节 不孕与领养..125
第二节 "无血缘亲缘关系"的支援网络的活动——非营利组织法人"环之会"案例..127
第三节 "环之会"支援组织的活动..............................134
第四节 建立"无血缘亲缘关系"..................................136
第五节 基于规范理论的考察——先验性的构成与维持..........139

片段:生父母与养父母面对面..............................142

第1章　集团动力学

杉万俊夫

第一节　何谓集团动力学

一、动态的集团

"人在人中，树在树中"——这是位于九州南端、以屋久杉林闻名遐迩的屋久岛的一句俗语。屋久杉把根横向伸展，与其他树的根缠绕在一起。大片的树木在地下相互支撑，才能够承受每年的台风，生长为一千年、两千年的大树。换句话说，树在树林之中方可生存。以此类推，人也只有在人群中才能够生存下去。

但如果从杉树林的角度来看，并不只是它们自己这些杉树而已，它们的周围还有其他种类的树木、花草、昆虫和鸟类等各种动植物。此外还有围绕着它们的水土气候、地理地质条件等等。这些对于杉树而已，就是它们的环境。同样，人类也有自己的环境。但与树木不同的是，人类的环境除了有物体的环境（自然环境和物理性环境），还有一种环境，即制度、习俗、社会分工、语言等"创造物"的环境。

"物性"的环境正是动态的集团（下文中的集体流变）：它具有独立于个人行为而存在的属性。动态的集团虽具有一时性，却在种种原因下被反复，某种程度上被定型成为"创造物"环境。虽然"创造物"环境不是物质，却含有与物质（物体）相似的性质。比如说，"新年"是一种节庆习俗，每到12月，我们就好比买好车票在站台等候即将到站的电车，人人都要打扫卫生、寄送贺年卡，迎接新年的到来。

集团动力学将具有某种整体性质的人们及其生存环境的总和，亦即集团（群体），作为其研究对象。集团是指具有某种不可继续分割的性质（整体性的性质）的一群人与他们的环境的总和。在这里，我们把这种整体性的性质称为集团性。我们可以把这种集团性比喻为"蚊帐"。"蚊帐"虽已面临淘汰，成为怀旧思乡的记忆，但读者们应该仍在使用"蚊帐之外"① 一词。

集团就被包裹在具有某种集体性的"蚊帐"②之中(1)。比如说以互联网为日常生活工具的人与完全没有接触过电脑的人，恐怕就分属于不同的"蚊帐"。而经历过太平洋战争的人和没有经历过的人，也被包裹于不同的"蚊帐"之中。那些嘴里说着年轻人之间流行语的学生和听不懂这些流行语的我，也被包裹在不同的"蚊帐"之中。

即使同属一个"蚊帐"，也不一定意味着"蚊帐"内的所有成员齐心协力。何况还存在着互相对立、抗争的"蚊帐"。两个彼此对立、无休止地杀戮的集团，在分别属于各自"蚊帐"的同时，也被共同包含于另一个大"蚊帐"。正由于这个名曰"憎恨"的大"蚊帐"具有集团性（将两个集体视作一个大的联合体），使得双方相互残杀的行为你来我往无休无止。

只属于单一的"蚊帐"是不可能的。我们的周围存在许许多多的"蚊帐"。与上述具有对抗关系的"蚊帐"类似，集团A与集团B各自属于两个"蚊帐"，同时还可能存在同时包含这两个集团的一个大"蚊帐"。又比如，可能存在A、B、C三个集团，集团C的领域里包含集团A与B的一部分成员，再加上一些其他人，形成一个不具备A与B的C独有的环境，因此，构成多个"蚊帐"多种、多层的复杂结构。我们每个人都是构成这种多层结构的许多个"蚊帐"的节点。

---

① "蚊帐之外"（**かやの外**）是一句日语成语，比喻置身事外、事不关己的态度。——译者注

② 集体性可以从以下两个方面把握。一是能够观察到的行动，二是不能观察到的沟通。总之我们每个人（包括环境）每时每刻都在某个集体行动中扮演着某一个角色。本文中的"蚊帐"就是我们每个人扮演角色的舞台。——译者注

第1章　集团动力学

以上是对集团动力学中的"群体"，即"集体"的说明。集团动力学基本上认为集体是在不断运动、变化的，并研究其动态（运动和变化）。如果我们不仅限于集体，把事物也都视作是动态的，那么即便是静止不动的事物（稳定的事物），我们也足可以将其视为变化速度为零的特殊个案来处理。但如果反过来，如果我们从事物是安定静止的这一前提出发，遇到变化的事物就只能惊讶而不知所措。

事实上我们有"事物都具有稳定的性质"的定式思维的毛病。比如说某个人在工作上取得了很大的成就，这时我们就会脱口而出："因为他能力强、性格好。"——通过把原因诉诸能力、性格等静态的因素，以求得出一个答案万事大吉。可现实中，这种成功也许是因为来自某个人适时的指点，或者是偶尔在上班路上看到电车里的广告受到启发。我们在观察集体的时候，不拘泥于思维上的习惯，要注意把握变化的动态。

前文我们用"蚊帐"一词来比喻集团性，但这种比喻不能完全揭示集体的动态。它虽然形象地表现了集团体性的多层叠加的结构，却也往往被视作静态意象。其实"蚊帐"的叠加部分起到促使"蚊帐"与"蚊帐"之间相互影响导致变化的起爆剂作用。有的"蚊帐"扩张乃至吞并其他"蚊帐"，有的"蚊帐"由于和其他"蚊帐"的接触而招致崩溃。"蚊帐"之间相互影响，每时每刻都在发生着变化。

在这里我们把集团的动态特征称为集体流变。一群人与其环境相结合并持续运动，这种运动就是集体流变。我们处在各种各样的集体流变之中。无论看起来多么简单的行为，都是在由若干个集体流变构成的更复杂的集体流变下才能够形成的。为了避免把事物视为静态的思维弊病，以下均使用集体流变这一概念。

二、研究姿态

集团动力学在研究姿态及其理论基础——纯理论（区别于人生哲学的研究哲学）这两方面有着独特的特征。通常情况下，科

社区的集团动力学

学研究将研究对象[①]与研究者、或者观察对象与观察者明确区分开来，一方是研究者（观察者），冷静地对作为另一方的研究对象（观察对象）进行研究（观察）。对观察对象不加任何干涉的观察方法被视为最理想的——就像用望远镜从远处对热带雨林中蝴蝶的生态进行观察。但很多时候，根据研究内容，不得不对研究对象施加某些操作。比如说，为研究对象安装上各种测量器具，或者加入别的物质引起化学反应等。可是，这种对研究对象的操作一旦破坏了观察对象原来的性质，那就得不偿失了。因此，即便添加人为的操作，也必须控制在最低限度，确保对研究对象性质的观察能够有效进行。

然而，如果要研究人类的集体，上述的研究视角则无法采用。想了解集体中的人们究竟在想什么、做什么，就必须接近他们或者走进他们中间。如果要加深对他们的了解，则需要与他们进行交谈，必要时同他们一起行动。因此，将他们（研究对象）与研究者明确划分开来的做法虽不至于完全不可能，也是非常困难的事情。对于研究对象来说，研究者不是透明人，这不言而喻。研究者和研究对象都同样是人，相互接触之下彼此之间就会产生相互作用，即形成包含两者的集体流变。换句话说，不管是否出于本意，他们（研究对象）与研究者站到了同一立场上，建立起共事关系。这种"共事"关系就叫做协作性实践。只要是以集体为研究对象，必然会产生或大或小的协作性实践。

集团动力学不仅是对于协作性实践这一事实的认识，还更为积极地把协作性实践作为其学术使命。因此，把协作性实践的合作伙伴称为研究对象是不恰当的——应该称为协作性实践现场（田野）的当事者（以下用当事者一词表示）。由田野的当事者与研究者共同完成的协作性实践才是集团动力学的研究姿态。在这里，为了阐明如何展开协作性实践，以及研究者在其中的作用是什么

[①] 集团动力学把"研究对象"称为当事者，在内涵上与自然科学完全不同。——译者注

第1章　集团动力学

等问题，首先让我们来看看作为前文所述两种研究姿态之根基的理论之理论。

三、两种元理论——逻辑实证主义与社会建构主义

在研究者与研究对象之间划清界线的这种研究姿态是自然科学的铁律。支撑这一铁律的理论之理论是逻辑实证主义。反之，认为研究对象与研究者之间不能够明确划分的研究姿态，其理论之理论则是社会建构主义。然而，源于希腊时代的自然科学却并不是在逻辑实证主义的基础上发展起来的。20世纪，自然科学得到飞跃性发展，在"非自然科学不是正宗学术"的学术风潮中，人们也意识到有些领域在自然科学流派下无法开展有意义的研究。对此，围绕着自然科学应该如何发展开展了讨论，将自然科学的理论之理论命名为逻辑实证主义。此后，在是否存在异于逻辑实证主义的纯理论的讨论中，渐渐出现了社会建构主义这一理论之理论。

逻辑实证主义（logical positivism）以与我们的知与不知无关的事实存在为前提。就拿基因（DNA）的双螺旋结构来说，它是早在奥森和克里克发现以前就已存在了很久的事实，只是在被发现之前我们不知道而已。同时，逻辑实证主义还以被发现的事实能够转化为逻辑语言为前提。这里所说的语言不仅包括日常语言，还包括数学语言和各种符号语言。当然，事实的语言化过程中也会出现转换错误或缺失的现象。或者也会产生不同语言的记述之间逻辑上的不一致（矛盾）。在这种情况下，就不得不通过对事实的重新观察来纠正错误、弥补缺失和修复矛盾——这种对事实进行持续观察，以转化成正确的语言的过程就叫做"实证"。不论我们知或不知，在实证的不断努力下，能够把世界原本的姿态转化为语言——这就是逻辑实证主义的信念。这种信念的具体表现，就是将观察对象放在界线的另一边，观察者在不破坏观察对象本身原有形态的前提下，从界线的这一边进行观察、开展研究的研究姿态。

而另一方面，社会建构主义（social constructionism）的前提则是："行为（包括认知）及其对象必须在某个动态的集体流变之中才得以存立，它们无非是集体流变的一部分。"就是说，在社会建构主义中，不可能存在任何独立于集体流变之外的行为或其对象。比如说，以读者阅读本书这一行为为例，如果着眼于制作、销售流程，这一过程中就有笔者撰写原稿、出版社制作书本、书店出售书本、读者购买和阅读书本等一连串的集体流变，读者便身在这些集体流变当中。再来看读者的朋友关系：或许本书是读者的朋友介绍给读者的课堂报告参考书，读者为了确认本书是否起作用而进行读书的行为，这也是一个集体流变，读者即身处其中。或者从文字使用的角度来看，文字就是在包含着无数人与无数文字材料的庞大的历史性集体流变之中形成的，如今读者也被包含在这个集体流变之中。

关键在于，在社会建构主义的前提下，研究者也不能例外。当研究者意识到田野的重要事实时，研究者就身处在当事者及其环境所构成的集体流变之中。当然，研究者身为研究人员，同时也处于区别于当事者的其他集体流变之中，如专门领域研究者的集体流变、所属研究机关的集体流变。研究者身处什么样的集体流变之中虽然因具体情况而异，但研究者是不可能不属于田野的任何集体流变、抽身事外、仅作为纯粹的局外人对田野实行观察的。这就出现了研究者与研究对象（田野的当事者）之间不可能划分界线的研究立场。

从原理上讲，社会建构主义是和逻辑实证主义相对抗的元理论，不过关于这一点需要更深入的考察。我们在下一节中将会讲到，在基于社会建构主义的研究中，初级调查（first mode of inquiry，了解现象、确定实践对象的阶段）的研究立场与逻辑实证主义没有什么区别。紧随其后的次级调查（second mode of inquiry）（把握初级调查的现象并与实践相对化的阶段）又将对先前的现象把握进行修改，但这并不表示初级调查中对现实的了解存在错误或漏洞。这是社会建构主义与逻辑实证主义的决定性区别。逻辑

第1章　集团动力学

实证主义试图掌握独立于认知的外界事实，其对于现象把握（理论与模型）的修改意味着既有现象把握的不完善或错误。

社会建构主义经常被误解。以下对两种具有代表性的误解进行分析。

第一种误解：所谓的社会建构主义只意味着设想"社会"与"世间"这类措词所能表达的笼统的集体，并主张行动和认知是被这种笼统的集团单方面决定的社会决定论的一种。当然，社会建构主义确实是把这些笼统的集体流变纳入研究范围。可是此外，结合具体的问题现象，不同大小、长短各式各样的集体流变都在研究范围之内。依具体的现象，围绕着某个人而形成的小规模短期性的集体流变也可能受到重视。社会建构主义把行为及其对象定位在由多个集体流变相结合形成的复合型集体流变之内。

第二种误解：认为社会建构主义否定物理性的现实。招来这种误解的正是来自社会建构主义者自身的、"现实完全取决于社会建构"的解释。这种解释虽然体现了社会建构主义的认识论的特征，却过度片面强调了认识论的一面。这种偏激的言论必然会招来批判，人们会质问：发生大地震也是社会建构导致的结果吗？刚刚出生的婴儿十秒钟能跑一百米、天上的月亮说掉就掉下来之类的"现实"，也可以通过社会建构实现吗？

社会建构主义绝不否定物理性约束，绝不主张"一切皆有可能"。但是原理上，针对这种物理性约束所作的任何评论，都是社会建构主义的产物，是集体流变的一单元。因此，自然科学所发现的事实从原理上说都是社会建构的产物。但我们在后面将会讲到，追求非人称言说的自然科学的立场已经将其知识放到了客观事实的位置之上，而超越了单纯的言说。

四、社会建构主义——针对什么的反论

通常我们对"人"的认识是包裹着皮肤的肉体，而且在我们的印象中，这个肉体在内部的某处包含着进行感觉和思考的"心智"（或曰头脑世界）。概括地说，"包藏着心灵的肉体"就是我们

的常识中的"人"之形象。

可是"包藏着心灵的肉体"的人类形象不是从我们素朴的日常经验中自然形成的。从社会建构主义的立场看,这一人类形象是特定的生育史及历史背景下的社会建构的产物。关于这一点,本章的第3节将在大泽的理论的基础上加以说明。此外,关于"包藏着心灵的肉体"这一人类形象与朴素的日常经验产生矛盾这一点,广松在其著作中作出了极具逻辑性的解释。科尔特(Coulter)明确解释道,"内藏于肉体之中的心灵"是在日常的语言行动中社会建构而成的观念。柳父指出,直至百年以前,日本还不存在"个体"的观念,更不会格外重视以"内藏于肉体的心灵"来作出判断与决策。

"包藏着心灵的肉体"这种人类形象,与将"外界"与"内心"加以区分的常识是一体两面。"内藏于肉体之中的心灵"就是内在的世界,即内心。而另一方面,外部世界,即外界,是以其本来面目存在的,不会因为内心对外界的看法(认知)而改变。外界的含义不仅包括皮肤的外部,还包括皮肤以内。内脏虽在皮肤以内,却属于外界。而感受内脏的状态(认知),被认为是把处于皮肤内部的外界(内脏)当作同样是被肉体包藏着的内心来理解。

如果站在社会建构主义的角度,"内心—外界"范式就要被摒弃了。但是,正如前文所述,我们承认集体流变的制约条件是存在的。相对于"内心—外界"范式,如果要说社会建构主义的范式是什么,我们可以称之为"集体流变—制约条件"范式。

五、自然科学与社会科学

自然科学在对外界与内心加以区分的基础上,尽可能地排除内心的影响,探寻外界的本来面目。在此意义上,虽然自然科学始终以"外界"为研究对象,但正如前文所述,其前提是立足于区别"内心"和"外界"的常识之上的。即,在承认内心与外界的区别的基础上,排除内心的影响(主观的影响),探究外界的事实(客观的事实)。唯一例外的是利用自然科学的方法研究内心事

第1章 集团动力学

实的心理学。但正如我们将在后面讲到的,利用自然科学的方法研究内心事实的心理学正处于发展的十字路口,面临着是向自然科学方向发展、还是向另一个方向(后述的社会科学方向)发展的严峻选择。

除了探究外界事实,自然科学还有另一大特征,就是彻底追求言说的非人称化的姿态。人称言说的言说主体(谁说的)会左右言说的内容与有效性。与之相对地,非人称言说的内容与有效性则不受言说主体的影响。自然科学是不断对言说进行彻底的非人称化的运动。

关于外界的纯粹的非人称言说几乎就是众所周知的普遍性的言说。而这种众所周知的普遍性言说,已经超越单纯的言说,成为众所周知的客观、有效的事实,即客观事实。因此,将外界客观事实转化为言说的逻辑实证主义之所以成为自然科学的纯理论,其根据就在于此。但即便一语道出自然科学,它也包含诸如物理学、化学、生物学、地质学等多个领域,同样以社会建构主义为抽象理论的学术领域也存在多样性——集团动力学只不过是其中之一。比如,社会学、文化人类学、历史学等,历来被称为社会科学的领域大部分都渗透着社会建构主义抽象理论的影响。

本书中,相对于以逻辑实证主义为纯理论的自然科学,我们将以社会建构主义为纯理论的科学称为社会科学。社会科学不表示完全以人为研究对象的意思。同样以人为研究对象的医学的大部分、生理学都属于自然科学。而以遗址或历史文献为研究资料的学科,如果把视点放在其背后的历史性集体流变的问题上,就属于社会科学。

自然科学与社会科学之间有着密切的联系。在科学哲学中,无论怎样立足于社会建构主义的立场来论述自然科学,都不过是自然科学论而已。自然科学不是在自然科学论的基础上获得进步,而是以逻辑实证主义为纯理论获得进步的。过去如此,将来也如此。对于以人类为中心的现象,需要从自然科学与社会科学两方面来理解。

社区的集团动力学

第二节　当事者与研究者的协作性实践

其次，让我们到现场来看看，集团动力学中的协作性实践究竟是什么。以下我们把协作性实践的特征归纳为五点，这些特征在不同程度上都符合一般意义上的社会科学[6]。因此，在本节中我们不局限于集团动力学，而使用社会科学一词来进行论述。

一、当地

在当事者与研究者的协作性实践中，不止当事者，研究者也被纳入协作性实践的集体流变之中。协作性实践在特定的时期（时代）、特定的场所、由特定的人群进行。当然，时期的长短、场所的广狭、人数的多少都可能不同。但尽管存在这些可能的差异，协作性实践仍然是在特定的时期、特定的场所、由特定的人群来施行的。社会科学的知识，基本上都是通过特定的时期和场所中由特定的人群所开展的协作性实践——也就是在当地（局部的场）——诞生的，并体现出浓厚的当地特征。这一点恰恰与探究超越时空的普遍性知识的自然科学形成了对比。

数据的收集和观察对于社会科学也是重要的。但是，社会科学的数据收集和观察是在当地的协作性实践中，以协作性实践为目的实行的。如果要进行协作性实践，必须先对现状进行认真的观察，这是理所当然的。必要时还要进行数据的收集。不只是现状，还可能要对过去的历史进行调查。甚至还可能需要对将来进行预想和模拟。因此，对社会科学来说，数据收集和观察也是非常重要的。但是，对社会科学而言，数据收集和观察终究是以把握当地的现状、过去和未来为目的的，绝对不是为了追求具有超越时间和空间的效度的普遍事实。

与此相对地，自然科学的数据收集和观察是为了对普遍事实进行实证。自然科学的数据和观察结果是具有超越空间和实践的效度的事实（现象）的"样本（sample）"。社会科学中，取样有时也是一种有效的数据收集技巧，但那只是为了节省时间、劳力和费用，利用收集到的数据来了解和掌握当地的现状。

二、价值与目的

进行协作性实践的必要前提是价值或目的。无论价值多么中立，甚至没有主观认识到特定的价值，都必然是在某种价值或目的的前提之下的。

这就是说，社会科学的知识与产出这些知识的协作性实践的前提——价值和目的——紧密结合，难以分割。参与实践的人们共享着作为协作性知识的前提的价值和知识，而协作性实践所产出的社会科学知识，恰恰是对于这些人的实践而言具有意义的知识。反过来，社会科学知识的应用也就意味着和知识的发讯者共有目的或价值。正因如此，创造社会科学知识的研究者和使用社会科学知识的人们必须随时反省自己的目的与价值观。这一点又与自然科学形成了对比，因为自然科学的知识一旦生成，就具有超越价值和目的差异的效度，也就是说，自然科学具有价值中立的效度。

三、初级调查与次级调查

社会科学的知识是在协作性实践的集体流变中生成的。同样，协作性实践中对现状、过去和未来的把握也是在协作性实践的集体流变之中的。相反，自然科学的知识则具有独立于生成知识的集体流变的效度。换言之，自然科学的事实是这样一种外在事实：其效度与我们如何被包含于集体流变之中无关。如果我们认为对现状的把握不能证明外在事实，而只不过是包含我们的集体流变的偶然产物，我们就无法基于这种现状把握作出自身行动的决定，要么停滞不前，要么流为虚无主义。那么，究竟该如何去思考呢？

在把握当地的现状、过去和未来的基础上，致力于问题的解决，这一阶段我们就称其为协作性实践的"初级调查"。在基础调查中，数据的收集和观察非常重要。此外，研究者还将带入种种概念和理论。在初级调查中，这种从界线的一边观察身处界线另一边的对象的姿态，也就是与自然科学相同的研究姿态，是必要的。

有一点非常重要，那就是协作性实践的初级调查必须立足于某种前提，而且是"未察觉"的前提。"未察觉"这一点十分重要。首先没有"未察觉"的前提的协作性实践本就是不可能的。只有在"未察觉"的前提下，才有可能开展协作性实践。即便对自己设立的前提进行彻底的梳理和思考，如果比目前考虑到的部分更深入一步，必然仍然留存着"未察觉的前提"——不，"留存着"这种说法，准确地说是错误的。辨认"未察觉的前提"本身，恰恰正是开展协作性实践的一种方式。这样的话，努力将"未察觉的前提"辨认清楚的协作性实践，理应在不断的审视中创造出新的"未察觉的前提"。

然而，在协作性实践的进展中，我们会察觉到作为实践基础的"未察觉的前提"。我们将这个察觉到"未察觉的前提"的阶段称为"次级调查"。在这个模式中，我们会产生诸如"哦，原来如此。原来之前我们一直有那样的误解"，"原来我们一直是被那种价值观束缚住了"的想法，察觉到对此前的（初级调查的）前提应当有所修正。这样，经历过次级调查，又进入了新的初级调查。

在新的初级调查中，把握现状、过去和未来的方法变得与此前的初级调查有所不同。此外，协作性实践的意义的赋予也变得与此前的初级调查不同。但是，这次的初级调查的协作性实践依然是立足于"未察觉的前提"之上的——当然，是和此前的初级调查的协作性实践不同的"未察觉的前提"。再次意识到"未察觉的前提"时，就进入了新的次级调查。

社会科学研究的现场，是初级调查与次级调查不断反复，进行持续不断的交替运动的现场。次级调查是在深化初级调查的协作性实践的过程中或然性地到来的——而非必然性地出现。

上述两种模式的交替运动可以分为小的（微观）交替运动和

第1章　集团动力学

大的（宏观）交替运动。首先，微观交替运动在日常生活中进行。小的意识、小的发现都是"初级调查→次级调查→新的初级调查"的交替运动。当然，在这种情况下既不会明确察觉到"未察觉的前提"，"未察觉的前提"也不会产生大的变化。但是，不论多么细微的变化，"未察觉的前提"或多或少都是在产生变化的。即使我们在知觉上没有明确感觉到前提的变化，通过对现状、过去和未来的事实的彻底调查，"未察觉的前提"作为实践的对象，在事实上仍会有缓慢而持续的变化。当这种微观交替运动大量积累，就为大的（宏观的）交替运动的形成蓄积了能量。

在宏观交替运动的情形下，进入次级调查时都会伴随着察觉到了"未察觉的前提"的认知，有一种豁然开朗的感觉："原来如此，我们是立足于这样一个前提之上却一直没有察觉到它。"这种宏观交替运动发生时，此前的（初级调查）实践及其基础——对现状、过去、未来的把握——会发生巨大的变化。

以上对初级调查与次级调查的描述看上去不仅限于社会科学，也同样适用于自然科学。的确，自然科学也是以日常中的细微发现、或者突破性的发现为契机，对其根基的基础理论（前提）进行修订的。而一旦基础理论被修正，大量过去的知识和观点将在修订后的理论基础上得以重组。这个过程看似和上述的社会科学的初级调查→次级调查（基础理论的修订）→新的初级调查的过程是相同的。但是，自然科学的大前提是通过这种对基础理论的不断修订来接近普遍性的事实。换言之，是为了接近普遍性的事实才修订基础理论。从而，这种基础理论的修订，意味着此前的基础理论尚不够接近普遍性事实，亦即此前的基础理论有漏洞甚至是错误。

另一方面，如前所述，社会科学不是追求普遍性事实的科学。社会科学是实现当地的协作性实践的科学。因此，从初级调查进入到次级调查并不是对此前的初级调查的错误进行指摘。诚然，意识到"未察觉的前提"时会说出"原来之前想的是错的，实际上……"之类的话来。但这种"错误"与对外界事实的认识错误（自然科学意义上的错误）有着性质上的不同。

对于不以外界事实为前提的社会科学来说，现状认知也好，理论也罢，任何言说都潜在地带有对自身的否定——这肇始于言说，即意义是一个区别系统。会科学的"错误"原本就只是潜在否定的表面化。次级调查对过去的修订绝不表示过去是"错误"的，而是协作性实践的深化——这种深化正是通过将过去视为"错误"才得以实现。

四、互动现场

当地协作性实践的共同讯息是特定的人物在特定的场所和时间内生动的实践纪录。生动的纪录在打动人心的同时，与其他场所和其他时代的人们的实践却是很难结合起来的。其参考价值仅限于"正因为是那个人、那个场所和那个时代才得以实现"。所以，有必要对这种生动的纪录稍加抽象化。也就是说，使用更为一般性的概念，让即使不是直接当事者的人也能够理解。这个抽象化的工作由研究者和当事者合作进行。在这种情况下，多半由研究者提出"可以使用这个概念"。研究者必须对这个概念进行详细的剖析，并尽可能以容易理解的方式进行说明。此外，当事者绝不能对研究者言听计从，而应该与研究者进行彻底的讨论，认真思考大家的实践是否由此概念得以确切的表达，以及这个概念能否作为大家的实践讯息的良好传播工具。通过这种互动，研究者与当事者之间的协作生成新的社会科学知识，并传递讯息。这种知识就是对特定的人物（人们）在特定的场所和特定的时期进行的实践——即当地实践——加以抽象化的知识。

于是，从某个场所、时代的当地传递出来的知识，在抽象化的帮助下，向其他场所、时代的当地传播。从某个场所、时代的当地传递出的知识就有可能被其他场所、时代的当地的人们所接收，在其自身的实践中有所借鉴。如此一来，两个不同时空的现场彼此联系，产生互动现场的关系。换言之，由两个当地的实践进化为互动现场的实践。

第1章　集团动力学

当然，接收的知识不一定要原样照搬，也可以批判它。就像在一个当地的实践活动中研究者与当事者之间也会有冲突那样，在不同地点或不同时点之间的协作性实践中也可能存在批判和对立。甚至可以说，通过这种批判与对立，批判与被批判的双方间的合作得以加深，当地的讯息（知识）得以锤炼，从而成为更大范围的人们的共同讯息（知识）。

从当地实践到互动现场的实践的发展之于社会科学，与对普遍性知识的追求之于自然科学的地位相当。不同之处在于，不论互动现场的实践如何在时间、空间意义上进行扩张，终究也只能是（扩大的）当地，而绝不可能成为普遍性的。

五、理论

在研究者与当事者的协作性实践中，研究者应当作出的贡献完全是基于理论的。除理论贡献之外，研究者所作的其他贡献与其他非研究者没有什么本质上的区别。

这里提到的理论的范围非常广，既包括基于个别现象、个别实践的理论，也包括扎根理论（Ground Theory）和纯理论等，还包括数据分析、模式建构和研究方法等方面的理论。此外，即使是社会科学的田野调查也需要自然科学的理论和概念。

那么，理论在协作性实践中应当作出怎样的贡献？第一，理论必须对初级调查和次级调查的连续交替运动有所贡献。首先，在初级调查中，我们要求理论有助于把握现状与过去和预测将来，并有助于指导实践、制订定计划等。其次，我们要求理论随时对初级调查的"未察觉的前提"进行审视和修订，提高进入次级调查的可能性。再次，在顺利进入次级调查时，基于已明确的"未察觉的前提"，对此前的初级调查的认识及其实践进行再定位，贡献于新的初级调查。

第二，理论必须有助于从当地实践发展成为互动现场的实践。因此，讯息的发讯者必须把生动的纪录和由此产生的言说转换成略为抽象化的讯息，提高其传播性。此外，讯息的接受方则须将讯息具象化，引入自己田野的特殊情况。

以上，我们对步入田野、直接参与同当事者的协作性实践的研究者进行了讨论。但是，就与田野的距离而言，深入或远离田野的研究者都是必需的。既需要书斋型的理论家，也需要从历史和空间的宏大角度展开理论探索的研究者。但是，当自然科学的理论家时刻将在别的世界一角振动着试管进行实证的同行放在心头时，与之相对地，社会科学的书斋型理论家或立足于历史和空间的广阔视角的研究者们，则一刻不能忘记在世界另一角与当事者开展协作性实践的同行们。

第三节　集团动力学理论

那么，集团动力学是用什么理论来理解动态的群体（集体流变）的呢？当然，集团动力学的理论必须以促进研究者与当事者的协作性实践为目的。

在这里我们把集体比作在流动的空气（气流）当中飞行的飞机。因为飞机被比喻为集体，那么飞机中也包含集体的环境。飞机在气流中飞行。但是，飞机中的任何人都无法看见包裹着飞机的流动的气流的全貌。况且，气流无色透明，本来就不可能看到（实际上，塔台会发送有关气流的信息，在此不作考虑）。但是，飞行员并不是对气流状况毫不知情地盲目操作，而是一边看着大量仪表一边操作。此外，乘客也能够看着沿机窗玻璃滑动的水滴，从而或多或少地了解气流的某些信息。

集体并不是在气流之中，而是在变化着的规范的动态当中——这种动态是不能直接看到的。但另一方面，对于集体中的每个人来说，变化着的行为的场（人群和环境）却是可见的。我们必须分别从可视（可观察）的一面和不可视（不可观察）的一面，对动态的群体（集体流变）进行理论上的把握。可以说，可视层面的理论是决策（decision-making）的理论，不可视层面的理论是会意（sense-making）[7]的理论。协作性实践是有意识和无意

第1章 集团动力学

识的会意的延续,彻底透析可视层面,进而确定如何开展下一步行动。这就需要能够指导如何去"看"的理论。另一方面,对于目前为止的情况的深入理解和接受——即会意(领会)——十分重要。这绝不是倒退的看法。如何"领会"过去和现在,在很大程度上左右着将来如何发展——一旦领会到直到昨天为止还大大咧咧做着的行为,实际上却给残障人士带来了伤害,那么从明天起自然就会自律这种行为。我们所需要的会意理论,要能够使我们醍醐灌顶地会意:"原来我们一直在做的、现在正在做的事情是这样的啊!"

接下来,我们来介绍关于集体流变的不可视面的理论——大泽真幸的规范理论[2],以及可视面的理论——安捷斯道姆的运动理论[8]。两者都是立足于社会建构主义立场的理论。因此,它们既非以"内藏于肉体的心灵"为理论的前提,也不是把集体的现象还原为"内藏于肉体的心灵"的动态来进行阐述的理论。特别是在介绍大泽的规范理论时,我们将探讨"内藏于肉体的心灵"这一概念是如何形成的。

一、规范理论

规范

规范是起规定妥当行为作用的集合(无限集合)体。如果我们对于有人作出某种行为并不感到不可思议,那么这种行为就是妥当行为。另一方面,如果有人作出某种行为只能令人目瞪口呆,震惊得不敢相信,那么这种行为就是非妥当行为。比如,老师在上课时突然大声喝止学生说悄悄话。对学生来说,老师的这种突如其来的行为会让他们吓一跳。但这样的行为发生在课堂这一场所却绝非不可思议。诚然对这种行为,学生不期盼发生,老师也并非乐在其中。可是,在课堂这个特定的场所,当条件成熟,这种行为完全可能发生。因此,这种行为是妥当的行为。但是,再假设老师在课堂上突然从讲台下取出红酒和奶酪,对学生说"等我30分钟",就开始品红酒——那又将怎样呢?这时大家会忘记生气,完全目瞪口呆:"咦?这怎么可能!能有这种事?"这种行为就属于非妥当行为。不要说是非判断,人们根本想都不会去想它会发生——这样的行为,就是非妥当行为。在课堂这个场所,存在着无限的妥当行为和非妥当行为。口头讲解、写板书、向学生提问等的教师行为,以及听讲、做笔记、打瞌睡等的学生行为,都属于妥当行为。而且,以老师写板书的行为为例,如果我们对板书的内容、书写方法等加以细致的区别时,写板书这一行为也包含着无限的变化。同理,非妥当行为亦然。

规范是将非妥当行为的无限结合和妥当行为的无限结合加以区分的操作。如果把我们的行为视为一张纸上的点的结合,那么规则就相当于在这个纸上画个圈,并规定这个圈内的点代表妥当行为。值得一提的是,圈内的点的个数是无限的——无论多么接近的两个点,用显微镜放大必然能够看到间隔,在这个间隔里还可以有新的点。

这种"画圈"的操作是在集体流变当中进行的。其原初形态在儿童的游戏中得到显著表现。让我们假设有四个想玩棒球的少年,分两组开始游戏。场地是由本垒、一垒和二垒构成的三角场。由于每队只有两名队员,防守方一人是投手,另一人是内野手兼外野手;进攻方一人是击球手,另一人则借给防守方当接球手[①]。如果击球手出垒,则另一人成为击球手兼接球手。此时必须建立规则,规定击球手击球后,跑垒员(即这个唯一的击球手)必须跑回本垒,否则就被判出局。当然,盗垒也是禁止。这时又过来一个少年,其中一个队变成了三个人,可以单独设置接球手。如果接球手没有接到球,则对方可以盗垒。又来了一名少年,这时两队都可以单独设置接球手。又出现两名少年。此时,三角的棒球

[①] 按照棒球比赛的规则,每一局双方队伍互换攻守。在这个例子中总人数只有4人的情况下,防守方至少需要投手、内野手兼外野手、接球手三人,而进攻方同一时间可以只需要一个人即击球手,因此规定每一局由进攻方借一名队员给防守方担任接球手。——译者注

第1章 集团动力学

场地会变成普通的四角的场地,其他规则就随之变化……在这种情况下,妥当行为的无限结合是时刻变化的。随着棒球游戏的进行,创造新规范,又遵循着规范进行棒球游戏,又再改变规范,如此循环。也就是说,规范是在行为的过程中创造的。

我们有时会置身于规则时刻变化的情境(类似上面的少年棒球游戏)中,有时则生存在规范更加稳定的情境中。那么,规范的确立是指什么,规范又是如何确立起来的呢?时刻变化着的规范又是如何发展成为确立的、稳定的规范的呢?

含义

在解释规范的形成和转变之前,我们先对规范与含义的关系加以说明。在社会建构主义中,含义这一概念具有特殊的重要性。这是因为,没有含义的东西就不可能成为行为(包括认知)的对象——如果没有对象,行为本身就不能成立。

图1-1 无含义的就不能成为行为(认识)的对象

请看图1-1(上),这是两个并排书架的图。请先凝视上图,接下来请把视线移到下面的图。当你刚才注视上面的图时,有没有看出这个涂黑的多角形呢?应该没有。为什么呢?因为这个多角形没有任何含义。相反，一个书架、两个书架，或者书架中的一格、两格，则应该是你所看得出来的。因为它们各自具有特定的含义。我们生活当中有过买一个书架、接受别人赠送的一个书架等经验（确切地说是置身于这样的集体流变经验之中）。还有过为一个纸箱能否放得下一整格书架里的书而担心的经验。这些经验赋予了"一个书架"或"书架的一格"以特定的含义。

含义和规范互为表里。含义是指被规范指定为妥当行为的对象的同一性（这个对象是"什么"）。比如，在课堂上，老师用黑板擦敲黑板发出响声引起学生的注意。这个行为属于妥当的行为。如果要问这个行为的对象——黑板擦的同一性（是什么），那就是"敲打黑板放出响声的东西"。即在这种情况下，"敲打黑板放出响声的东西"是黑板擦（对象）的含义。

规范在集体流变中形成，含义也同时随之形成。所以，形成不同规范的同时也形成不同的含义。不要把含义与辞典上的"含义"混同——当然，辞典里的"含义"也是包含这个词汇所提及的对象在内的、一般性集体流变的前提下的、"对象的同一性"，但绝不能说是包括了所有对象在内。

互换的身体

现在，开始规范的形成和转变的说明。在大泽的规范理论中，身体的概念非常重要。当然，身体与个人（包藏着心灵的肉体）不同，身体不包含心。个人通常被认为是"肉体内部的某一处持有心智的世界（或者说脑的世界），感觉、思考都在那里完成"。而身体不具有那种心智的世界或大脑的世界。

身体包括互换的身体，以及第三身体这两种形态。概而言之，互换的身体通过彼此间频繁密切的互换构成（确切地说是虚拟出）第三身体。当身体作为互换的身体进入（自我建构的）第三身体的作用圈时，规范就形成了。这就是规范的原初形态。接下来我们通俗易懂地解释一下。

先从互换的身体开始讲起。身体可以"成为"别的身体。身体A可以通过身体B的部位感受世界，再回到身体A去感受那个世

第1章　集团动力学

界。在互换的身体这一形态中，自我与他者的唯一差异在于即时感受世界的当下居所不同而已。

对我们来说，互换的身体是日常的经验。在观看戏剧时，我们会成为演员的身体——我们从演员的身体上感受到演员的喜怒哀乐。然后，又瞬间回到自我（原来的身体）。即便没有观看戏剧时那样鲜明，同样的经验在我们的日常生活中也经常出现。与朋友推心置腹地交谈时，被对方的情绪感染跟着大哭大笑时，双方意气相投时，都有成为他者、再返回自身的经验。比如，读者以技能生疏的他者为对象，指导电脑操作，是不是会对对方的笨拙感到焦躁呢？那是因为读者的身体成为了他者的身体，对那种笨拙有了实际的感受。

互换的身体这一形态也会发生在人类以外的对象上。疼爱布娃娃，是因为能够互换成为布娃娃的身体。还有，正如我们所说的融入大自然，我们不仅能够成为可爱的动物，还能够成为美丽的花草、壮丽的山河。所以，即便互换的对象不是生物，这个对象与成为它的身体形成了一个集体流变，在这个集体流变中，非生物对象也是一个身体。而不能够成为这种对象的，我们就称之为事物。而什么是事物，什么是身体，则要在集体流变之中决定。

因为在我们的常识中，人之形象即"包藏着心灵的肉体"，因此即便有身体的互换的经验，也只会以此常识为前提来表述这种经验——"我感觉自己成为那个人了（在我的肉体包藏着的心灵中，有种仿佛成为了那个人的感觉）"。但是，请大家回想一下，我们是基于社会建构主义的纯理论，从与这种常识不同的前提出发的。在社会建构主义的视野内，所有的行为与对象都内在于某种集体流变之中，方得以存立。换句话说，所有的经验都以内在于某个集体流变为前提而存立。身体的互换完全就是一个集体流变的形式。

第三身体

多个身体反复地、频繁密切地彼此互换的状态，我们称为间身体连锁。多个身体无数次反复地成为彼此的身体，就形成了间身体连锁。因此，各个身体的经验差异被内涵化，超越身体差异的共同经验被外在化。这种共同经验，正是形成规范与含义的基础。前面我们举过几个关于互换的身体的例子，与朋友推心置腹地交谈，或是与其他人意气相投情境下产生的身体互换，如果互换的频度和密度增加，就会形成间身体的连锁。

共同经验与规范的关系可谓趣味横生。规范一旦形成，它意指集体的身体的共同经验（大家应该共同遵守的妥善行为），但如果探讨规范何以可能，首先是产生共同经验，然后这种共同经验转化为规矩。也就是说，规范形成之前和规范形成之后，共同经验与规矩的关系将会发生逆转——规范形成于共同经验，而规范一旦形成，它又会重构共同经验。作为规范基础的共同经验，正是从间身体连锁产生的。在间身体连锁的作用下，各个身体的经验差异失去重要性，相反，每个身体共同感受到的经验的重要性则会增强。最后，超越各个身体的共同经验转化为规范。重要的是，规范的形成，和指定规范的身体（备给规范的身体）的形成是平行的。规范是多个身体的频繁密切的间身体连锁的产物。但是，由于规范终究是多个身体的共同经验的总结，因此不能归属于任何一个个别的身体。规范不能归属于形成间身体连锁的任何一个个别的身体，而是归属于所谓的"第三身体"。可以说规范是作为第三身体的声音而形成的。这个声音所能到达的范围，就称为第三身体的作用圈。在第三身体形成之初，这个作用圈只包含构成间身体连锁的身体。以下是从间身体连锁形成第三身体的例子。

一个三四岁的孩子对他母亲说："妈妈，你该跟我说'把玩具收拾好'了。"母亲心想："你不是已经自己明白应该收拾了吗？"但仍然说道："乖，把玩具收拾好。"这时，孩子听到母亲的声音才开始（才能够开始）收拾玩具。这个例子被发展心理学教科书广泛引用，非常具有一般性。仔细想来似乎很神奇：孩子明明知道自己该收拾玩具了，可是，却不能够（自己）开始收拾，而是必须听到母亲的声音才能开始收拾。孩子与母亲每天都围绕着各种

第1章　集团动力学

各样的事情形成着间身体的连锁，收拾玩具也是其中之一：通过一起收拾和同时进行的会话等过程中产生的间身体连锁，形成了第三身体。这个第三身体发出关于"收拾玩具"的规范的声音。

　　从间身体连锁形成的原初性第三身体重叠于个别的身体。在刚才的例子中，第三身体重叠于母亲的身体之上。即，母亲的身体既是通过与孩子身体的互换形成间身体连锁的身体，同时也是担任第三身体的特殊的身体。这就是为什么对于孩子来说母亲的身体是特别的。

　　婴幼儿出生八个月左右会开始明显的怕生现象，这就涉及与重叠在母亲身上的第三身体的关系。在这以前，不管谁来抱都会笑呵呵的孩子，开始变得只要是被母亲以外的人一抱就像点着火一样号啕大哭。在这一时期之前，孩子与母亲形成了各种各样的规范和第三身体，母亲的身体与第三身体的大部分相重叠，将孩子纳入第三身体的作用圈内。但是，由于这个第三身体的作用圈是与母亲的身体重叠的，而被限定在母亲目所能及的近距离范围以内。只要身处这个狭小空间的内部，就能够听到第三身体的声音即指定规范的声音。然而一旦超出这个范围（被带出这个范围外），规范的声音就听不到了。前面说过，规范与含义是互为表里的，而且，没有含义的事物是不可能看得到的。听不到规范的声音就意味着失去含义，靠近虚无的世界。出于这种恐惧，当孩子被带离母亲身边时就会胆怯哭喊。

　　不只是儿童，成人也在日常生活中通过间身体的连锁形成第三身体。只不过，正如下文中我们会讲到的，成人被包含在大量高层次的第三身体作用圈之中，不会像孩子那样可以明显地观察到。但是，当我们正在做某件事情的过程中，会突然想到："哎呀，要这么做才行！"同时回想起曾经如此教导我们应该这样做的人。其背后的运作机制就类似于上面所介绍的孩子与母亲的例子。

　　宿命的双重性

　　身体之间通过间身体连锁形成第三身体，并遵从其规范的声音，这是一种自我言及的结构。规范规定个别行为的妥当与否。

这就是说，随时存在着把某种个别的行为视为非妥当的否定性指定的可能性。因此，若以互换的身体为出发点，就有可能存在通过间身体连锁肯定性地建构出第三身体，反过来会有对自身的行为作出否定性指定的可能性。这是个自我言及的循环，从互换的身体出发，经由第三身体后，再次回归互换的身体。

这个循环所呈现出来的结构，和"说谎的悖论"的结构是相同的——读者持肯定性认定的人物（认定为不会说谎的人物），对读者（的肯定性的认定）加以否定（他说："我是说谎者"）。这个人物究竟是说谎话，还是说实话？如果从这个人物说实话的（肯定性）前提出发，既然这个说实话的人说"我是说谎者"，那么他说的是谎话（这个结果否定了当初的肯定性前提）。接下来，我们排除对这个人本身品格因素的考量，仅相信（肯定）他所说的话。此时，我们相信他说的这句话——"我是说谎者"——为真。既然相信这句话为真，那么这个人就是说谎者（有时说谎）。然而，说谎者在说"我是说谎者"这句话时，实际上却同时表明他说的是实话，即包含了"我是诚实的"的潜台词（这个结果又否定了最初对他说的话的肯定）。结果，根本无法判断这个人是说真话的人，还是说谎的人，这个人不得不是个"诚实的人，同时又是一个说谎的人"，这就是他的双重性所在。

如前所述，所有的行为在进入第三身体的作用圈时才成为可能。因此，所有的行为本质上都有双重性。但是，我们的行为除了特殊状况外，几乎总是自洽的。比如，在打棒球时，通常不会同时存在"没在打棒球"的状态。因此，双重性基本上是被隐藏（非问题化）的。这是为什么呢？

赠与和攫取

最初，第三身体的作用圈并不大，它只不过是构成身体间性关联的身体，抑或在此基础上后加入的身体间性关联的身体属于该作用圈。而对作用圈外部而言，作用圈内部的规范也好，意义也罢，都不能通约。在作用圈的内部和外部之间也许不会发生任何事情。但是，一旦发生什么超越作用圈内部和外部的事情，尤

第1章　集团动力学

其是发生规范从某个作用圈向另一个作用圈传播时，事态将发生重大变化。

从作用圈A内部向作用圈B的规范的传播，是以"赠与和攫取"的形式发生的——而不是"交换"的形式。所谓的交换，无论它是等价或不等价交换，交换双方之间必须存在统一的尺度——即两者之间必须成立共通的规范。当作用圈A方如同丢弃一般地赠与，与此同时作用圈B方则毫无谢意地攫取，此时两者之间便产生了赠与和攫取关系。一旦发生产生赠与和攫取的关系，攫取方的作用圈B就会被包含在赠与作用圈A方之中。一方面作用圈A方的第三身体此时将成为含有作用圈B方的一个更大的作用圈的第三身体，另一方面规范的内容是将作用圈B方原来的规范控制在特例范围内而一般化。

从一个作用圈向其他作用圈进行规范的传播时，身体、事物和语言就成为传播的媒介。外国人总经理领导企业重组，或是行政机关起用普通市民代表实现职能转换，这些都是以身体为传播媒介的赠与和攫取的例子。从这种事例当中，新的规范是通过以此规范为血肉的身体传播的。当有新成员进入集团，也往往会给集团的规范带来或多或少的变化。通常，人们会将这种变化解释为那个新成员作为"个人"带来的影响，但实际上，那个新成员的新奇行为正是被某个集团指定为妥当的行为，我们应当理解，通过新成员的身体这一媒介，产生了规范的赠与和攫取。

规范有时是通过具有该规范的鲜明象征的事物为媒介进行传播的。比如，一个从来没有使用过电脑的工作场所引进了电脑。在这种情况下，电脑这一事物将向该工作场所传播有关此前一直未曾使用的电脑的规范，这些规范包括：工作场所的沟通方式，数据信息的管理，甚至午休时间的安排等。

最后，规范还可通过象征该规范的语言进行传播。从新语言的产生到其成为常用语言，就是语言的含义渐渐融入到集体流变之中的过程。从含义与规范互为表里的关系来看，这是规范（新含义的基础）的传播。

社区的集团动力学

接下来讨论下一个话题。若要以纯粹的形式实现赠与和攫取,仅从作用圈A向作用圈B传播,或是从作用圈B向作用圈C传播,这种依靠有限步骤的赠与和攫取是不充分的。虽说赠与和攫取的媒介是身体、事物或语言中的某一个,但无论利用其中哪一种情况,都会混入某种"交换"的要素——比如两者完全没有任何接触,而纯粹是一方舍弃媒介,另一方即夺取之,这样的情况是很难发生的。

在相当大的程度上,纯粹的赠与和攫取是通过赠与攫取连锁的增长达成的。如果是攫取者从遥远的彼方依次地获得赠与物,对此前赠与者的记忆显得模糊不清,即便发生相互作用(交换),那也无足轻重。因为此前的赠与者只不过是来自远方的赠与—攫取连锁中的"此前的一个单元"而已。同样,当下的攫取者即便与下一个攫取者接触产生相互作用(交换),这下一个攫取者只不过是继续传向远方赠与—攫取连锁中的"下一个单元"而已。

随着赠与和攫取连锁的增长,第三身体再度形成。之前所述的第三身体亦即第一阶段的第三身体,是通过间身体连锁形成的。接下来,第一阶段中的第三身体的作用圈之间产生增长的赠与—攫取连锁,从而形成第二阶段的第三身体,它既是增长的连锁的起点,也是其回归的终点,因而在增长的间身体连锁中处于核心地位。

由于第一阶段的第三身体和第二阶段的第三身体形成了双层结构,规范的双重性在很大程度上被隐藏(非问题化)。最初,个别的身体通过自身的间身体连锁直接形成(第一阶段的)第三身体,并听从其指示,到此时,则遵从(第二阶段的)第三身体的指示,后者为多个作用圈提供通用的一般性规范。第二阶段的第三身体从构造上消除了多个第一阶段的第三身体的歧义。到了这个阶段,才可能实现"遵从已确立的规范"。

作用圈的扩大

上述第二阶段的第三身体,随着赠与和攫取连锁的增长,还有可能再次扩大其作用圈,但只不过是可能而已。赠与和攫取是

第1章　集团动力学

在有规范的集体和规范外（即无规范）的集体之间进行。两个集体前者是赠与，后者是攫取，前者的作用圈有扩大的可能性，但同时也有受后者的不协调的影响，而存在使前者的规范崩溃的可能性。这两种可能性对后者亦然。而作用圈的扩大是一个或然的过程。

此外，规范的作用圈周围存在着不属于这个作用圈的不协调身体。这种不协调的身体也可能会与属于该作用圈的身体产生间身体连锁，从而形成与作用圈亲和的规范。此时，原来的作用圈就会包含不协调身体。但是，这也只不过是个盖然的过程。与不协调的身体遭遇也有带来作用圈瓦解的可能性。

如果作用圈顺利扩大，又会产生怎样的事态？第一，作用圈的扩大表明接近"身体在任何时候、任何地方都属于作用圈内"的状况；第二，为了使规范通用于包含在扩大的作用圈内的大量且多样的身体，必须把规范的内容从特殊改变为一般；第三，随着作用圈的扩大，第三身体逐渐消除重合在个别身体上的形式（如前面提到的母子关系），成为不可视的身体。综合以上三点，随着作用圈的扩大，不可视的第三身体会逐步接近"把任何时候、任何地点的（个别的）身体纳入视野，发出有含义的规范的声音"的状况。

"内藏于肉体的心灵"的思想

利用上述结论，我们来说明关于心（内藏于肉体的心灵）的思想是如何形成的。但论及心的思想，需要从两个水平上加以区分。第一水平是在生育史的过程中形成的心的思想。这里的心相当于"我身有我心"中所指的心，是人类自远古以来所具有的关于心的概念；第二水平是在历史过程当中形成的心智的思想，即在迎来现代化的历史过程中，随着个人主义的产生逐渐形成的，认为心智是"判断和思考的重要底座"的思想。如前所述，在明治初期日本缺乏这种个人主义的心智的思想。

首先，我们从在生育史过程中形成的第一个水平上的思想开始探讨。抚养者与婴儿之间围绕日常中各种各样的事情产生间身体连锁，从中形成多种规范。另外，这些规范所归属的每一个第三身体仍处在原始阶段，基本上都是在与抚养者的个别身体的重叠下形成。但是，围绕着婴儿生存必需的行为而产生的规范，会显著扩大其作用圈。如食物的摄取、回避危险物的行为等，均属此类。一旦涉及这些特别重要的行为，抚养者会对婴儿作出更为敏感的反应，从而更为频繁地产生密切的间身体连锁。当这种密切频繁的间身体连锁不断扩大其所形成的规范的作用圈，不可视的第三身体就逐步接近前述的"把任何时候、任何地点的（个别的）身体纳入视野，发出有含义的规范的声音"的状态。

心（第一水平的心）的思想就是在这种状态下产生的效果。即在任何时间、任何地点都能够听到含有规律意义的声音，这种状态事实上和"将第三身体放在左上衣口袋里随身携带"具有相同的效果：正巧是在胸口的位置，第三身体使你能够听到规范的声音。从左上衣口袋再往里10公分，那不就是"心"吗？所谓听从心声而行动，指的就是这种情况。但是，那种声音还只限定于婴儿存活所必需的有规律的声音。而在下述第二水平的心的思想中，这种限制就被很大程度地消除了。

在近代的政治、经济和宗教等重要社会领域上形成的规范，其作用圈已超过以往的村落和小城市，将国家这样的广阔空间纳入其中。自此，前文所述"上衣口袋里的第三身体"的效果也会体现在政治判断、经济判断和宗教判断中。因此，"心"获得了具有社会性意义的判断和思考之基座的特殊地位。这种"判断和思考的底座"恰恰就是第二阶段的心智的思想。

我们在置身于众多集体流变的同时，也置身于以第一水平的心为自明前提的集体流变，以及以第二水平的心为自明前提的集体流变之中。所以，即使是关于由于处于其他的集体流变而得以可能的行为，我们也会说成是"因为我自己心中有这种欲求，所以这样做了"，"我自己判断应该这样做所以就做了"。

立足于沟通的视角

在规范理论的最后，我们对身体的互换、第三身体的形成、

第1章　集团动力学

赠与和攫取的概念从沟通（communication）的视点来进行定位。历来，人们对于沟通这一概念的解释都是立足于"包藏着心灵的肉体"这一人之形象的。在此基础上，一个人通过其内藏于肉体的心灵（或曰头脑的世界）的所感、所思，以语言和动作等媒介传达给他人的内藏于肉体的心灵（头脑的世界），就是所谓的沟通。但是，对于立足于社会建构主义的立场，不以"包藏着心灵的肉体"这一人之形象为出发点的集团动力学来说，是不会采用类似的概念来理解"沟通"的。

在集团动力学看来，身体的互换、通过间身体连锁形成的第三身体、赠与和攫取，就起到了沟通概念的作用。本来沟通的含义是创造"共同性、共同的事物"（commu）。从这一点上来说，由于身体的互换正是身体成为别的身体，没有比这更加直接的沟通了。如果我们固执地坚持"包藏着心灵的肉体"的人之形象，上述身体互换的概念听起来完全是灵异现象；然而，对于理解母婴关系以及我们建构含义世界的初始阶段所产生的原始沟通，身体互换概念是一个有力的工具。

从身体互换再深入一步，间身体连锁和第三身体的形成尽管仍蕴涵着由于自我言及造成的双重性，但同时也是超越原始沟通的更高级的沟通所必需的"含义"的形成过程。这种含义上的歧义性，会随着以赠与和攫取为形式的沟通步骤的增长而渐渐隐蔽（非问题化）。

围绕着我们的身体，随时都在发生各种强度不一、持续时间不一的沟通（身体互换、间身体连锁、第三身体的形成、赠与和攫取）。显然，这种沟通是集体流变非常重要的一面。我们不是把感情和思想寄宿于肉体所包藏着的心灵（头脑的世界）中，再拿它们来进行沟通。我们是由于进行了沟通（由于我们处于沟通的集体流变之内），从而有了行为和认知。

二、运动理论

接下来，作为集体流变的可观察面的理论（决策理论）的例子，我们来介绍运动理论（activity theory）。运动理论起源于以维果斯基（Lev Semenovich Vygotsky）、列昂惕夫（Alexei Nikolaevich Leont'ev）、鲁利亚（Alexander Luria）等人为代表的20世纪前苏联的心理学流派（文化历史心理学派）。运动理论也被称为文化历史运动理论，因为它把人的行为彻底地放在集体及社会的文化历史背景中加以理解。换言之，行为只能作为集体流变的一个单元而存在。在此意义上，运动理论正是集团动力学的理论。

此外，运动理论不只是帮助理解集体的活动和人类行为的理论，还是推动集体变革和人类行为变革的实践理论，也就是决策理论。安捷斯道姆所谓的"学习活动＝以扩展为手段的学习"，是对集体和社会中被视为自明的前提（活动的前提）的文化—历史性基础进行反思，从而创造新的前提的活动。用雅克·德里达的话来说，学习活动就是实践解构的活动。这种解构活动产生于后现代主义——将深入渗透社会的"近代精神"相对化的思潮。运动理论也指引着集团动力学通过研究者与当事者的协作性实践，将自明的前提相对化，创造出立足于新的前提的集体流变。

运动结构

尽管有点偏离主题的嫌疑，但为了更生动地说明人类活动的特征，我们来看看动物的活动随着其进化发生的变化。图1-2表示进化的低阶段活动的结构。在这里最重要的是把活动结构画成三角形。相邻的两个顶点之间的关系必须以另一个顶点为媒介才能够建立。比如，各个成员（左上的顶点）与自然环境（右上的顶点）之间的关系必须以种子（下方的顶点）为媒介。各个成员始终与种子联系在一起。种子创造出自然环境，自然环境又创造出种子。因此，各个成员与自然环境的关系（与种子联系在一起的各个成员和与种子有相互既定关系的自然环境之间的关系）是以种子为媒介的关系。

第1章 集团动力学

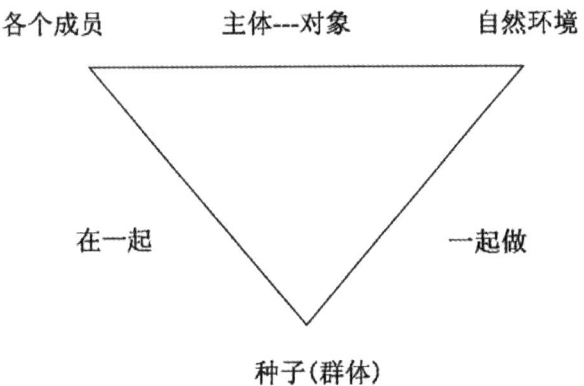

图1-2 关于动物的低级活动结构

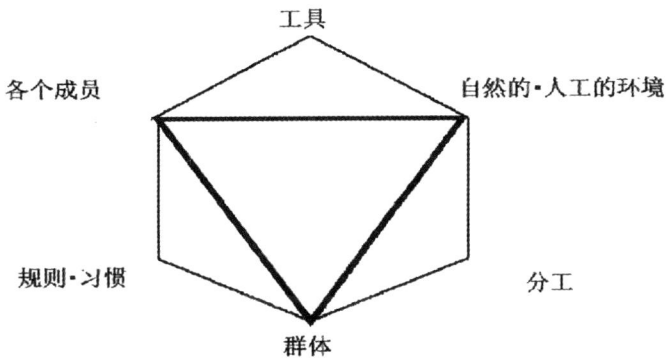

图1-3 关于动物高级别的活动结构

图1-3表示类猿人等高级进化阶段的动物的活动构造。在图1-2中的相邻两个顶点之间的直接关系在图1-3中转变为间接关系：成员与环境（自然的或人工的环境）的关系以工具为媒介，成员与集体的关系以规则和惯例为媒介，集体与环境的关系以分工为媒介。

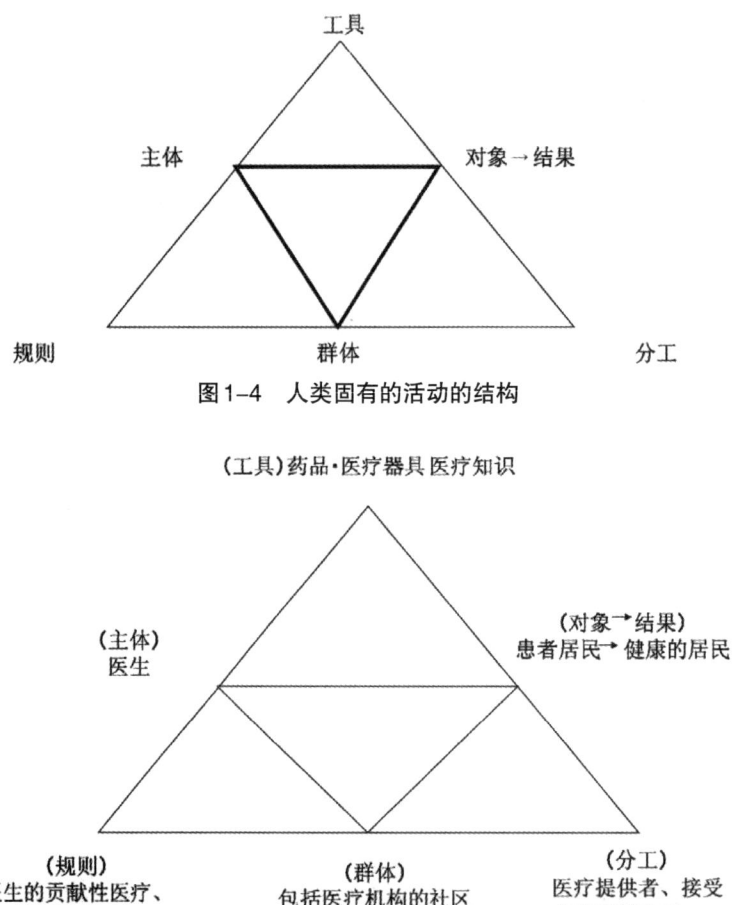

图1-4 人类固有的活动的结构

图1-5 医疗活动的一般状况

图1-4表示人类固有的活动结构。由于图1-3中的媒介项在图1-4中获得了与原有的三个顶点对等的地位,从而形成了共计六个顶点相互规定的关系。依次:图1-2中的三角形表示生态、自然的活动;图1-3中则增加了经济和历史性质的媒介项;到了图1-4,就形成了既有生态和自然的性质、同时又有经济和历史性质的人

第1章 集团动力学

类固有的活动结构。

图1-4的一个具体的例子,就是图1-5所概括的一般性医疗活动的结构。图1-5表示社区医生的医疗活动。首先请看图中央的"主体"和"对象→结果"两项的连接线(横线)。这条线表示医疗行为的主体——医生以患病的社区居民为对象进行医疗行为,使他们变成健康的居民(行为的结果是"健康的居民")的日常行为。可是,仅仅这些只不过考虑了医生与患者两者之间的关系。现在让我们把集体的范围向两个方向扩大。

首先,让集体向上方扩大并把"工具"包括在内。医生对患者进行治疗行为时,会使用各种各样的工具:除了药品和医疗器材这些不可或缺的物体的工具,还有医生习得的关于医疗的知识。最重要的是:不管是何种工具都是历史的、社会的产物。换言之,这些工具都是由过去的多个集体流变产生的。使用这些工具就意味着,医生和患者都置身于历来的集体流变之中。

其次,让集体向下方扩张并把"小组"(以及"规则"、"分工")包括在内。医生和患者都是同一社区的成员——他们置身于社区的集体流变中。尽管有作为医生的个体与作为患者的个体的区别,那只不过是社区这一集体中的分工而已。特别是在一般的医疗活动中,会自动地形成医生是治疗的提供者,患者是治疗接受者的明确分工体制。此外,社区集体中形成了医疗的相关规则(这里所说的规则比规范理论中所说明的规范更为狭义,它在某种程度上被集体成员意识化)。通常的治疗活动中,在上述的医疗分工体制下,存在着"医生献身于医疗的提供,患者(居民)则应该遵从医生的指示"的规则(这种分工体制和规则会被认为是理所当然的,但在本书的第3章,我们将介绍一种地方医疗系统的创新尝试,它超越了上述常识,而以居民为主体)。

如上所述,主体对对象的行为(中央的横线),至此被理解为合计六项形成的活动。换言之,得以扩展视野,把以工具为媒介的集体流变,和将主体与对象更直接地包含在内的集体流变纳入考虑范围。如果想改变现实中的行为,不可能像上述的医疗事例那样简简单单就能扩展视野。不管以什么样的工具作为媒介，也不管主体与对象的背后存在着什么样的集体流变，都必须进行彻底的观察和分析，包括试行错误在内，而这种观察和分析在很大程度上左右着决策的质量。

现实社会存在着各种各样的活动，这些活动相互依存。如现实中存在大量类似于图1-4的活动，彼此之间存在着依存关系。这种依存关系有以下四种。第一种关系是该活动的"工具"来自其他活动。比如，科学活动生产着各种各样的活动工具。第二种关系是该活动的"主体"通过其他活动产生。比如，教育活动、生产劳动活动和科学活动的主体。第三种关系是该活动的"规则"通过其他活动产生。比如，行政活动与立法活动生产其他活动的规则。第四种关系是该活动本身成为其他活动的"对象"。如后文中会讲到的学习活动（解构活动）以某种活动为对象对其进行解构，结果是创造出新的活动，这样的活动关系就属于第四种。

向新活动拓展

如上所述，运动理论不是单纯记述活动的理论，而是指导身处活动之内的人类解构当前的活动，创造新活动的理论。这类解构现行活动、创造新活动的活动，正是安捷斯道姆所提到的"学习活动"（learning activity）。不过，如果把这种活动视为单一的学习活动，那么就很难与心理学和教育学上一般的学习概念有什么实质上的区别，因此，本书中采用"解构性活动"一词来替换"学习活动"。

图1-6表示解构活动的结构。解构活动的"对象"是人们历来从事的某个活动。以历来的活动为"对象"对其进行解构，"结果"则是创造出新的活动，这就叫做解构活动。例如，本书第5章（图5-4）中例举的抗灾非营利组织的活动，就是按以往由行政主导的防灾、救灾活动为对象，结果则是将其转变为市民参与型的新活动。

那么，学习活动的契机何在？其实，就在图1-4所示活动结构的各个顶点的"矛盾"。下面进行说明。

第1章 集团动力学

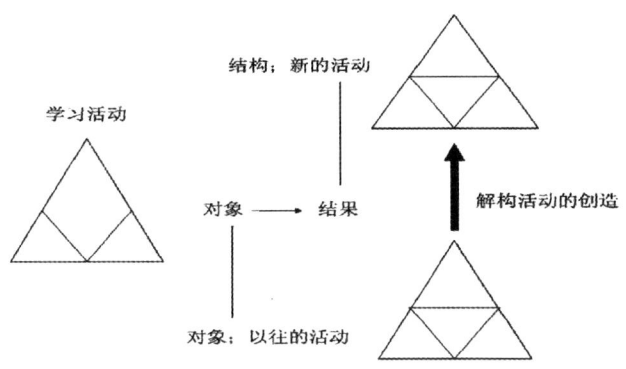

图1-6 解构活动（学习活动）

如图1-4所示，活动是集体水平或社会水平上的现象。所以，活动是在（广义的）"意识形态"——也可谓是渗透在集体或社会水平上的"某某主义"——之上存立的（安捷斯道姆使用"动机"一词来表达此处的"意识形态"）。行为需要目的，活动需要思想体系意识形态。为了说明"行为—目的"与"活动—意识形态"的差异，可以棒球（活动）为例加以解释。在比分相同的情形下，首发击球手在第九回下半场选择了四个坏球。当然，第二个击球手选择触击，非常熟练地把球滚向一垒线，跑垒手将其送到二垒。在这种情况下，这个击球手进行的是"触击"行为，目的是"把减速的球击到第一垒线"，"（结果是）把跑垒手送至二垒"。如果没有目的，就不会有触击行为的存在。以上是行为—目的水平的情形，也就是图1-4中最上部的小三角形（主体—工具—对象）水平的情形（还未达到活动的水平）。但是，如果在触击行为发生后，登场的两名击球手都明显表现出击打本垒，结果三击未中呢？

确实，两名击球手试图击打本垒本身也是一种行为，其目的是击打本垒。但是，这里始终有种"这到底还是棒球吗"的不协调感。这种不协调感来自一种意识形态，即包含了双方球队及观众在内的集体水平（图1-4的全过程）上的意识形态，即以球队胜利为最优先的"胜利主义"的意识形态。

意识形态是含义的体系，因此必然存立于差异的基础之上。含义A存立于它与含义非A显性或潜在的含义差异之上——如果连非A的潜在可能性都没有，含义A就不可能存在。同样，某个意识形态的存在前提是，至少潜在地存在着否定它（与之矛盾）的意识形态。

活动需要意识形态。但是，对于习惯化了的行为而言，正如其目的是未被觉知的（潜在化的），作为活动基础的意识形态也是潜在化的。在潜在化的水平上，任何意识形态都和与其矛盾的意识形态共存。不论什么样的意识形态，以及不论什么样的活动，都蕴藏着（或潜在着）矛盾。

矛盾蕴涵能量

活动内蕴藏（潜在）的矛盾存在于——潜在于活动结构的各个顶点中。特别是在渗透着资本主义意识形态的社会中，"具体的使用价值"和"抽象的交换价值"之间的矛盾渗透到各式各样的活动中。在这里我们再用图1-5的医疗活动的事例进行说明。图中的"工具"，也就是药品和医疗机械都具有使用价值和交换价值相对立的双重性。药品带有改善患者健康状况的使用价值的同时，还带有由于能够提高利润而由制药工厂生产、市场销售的交换价值。多数医生对患者用药时，既考虑药品的使用价值，还要考虑药品对医院经营带来的交换价值，两相斟酌之下选择药品。医生不能只考虑为患者治疗，也不能慢待医院的经营。但是，即使医生再努力地调和，使用价值和交换价值之间的（潜在的）矛盾也不会消失。

潜在于活动结构顶点中的矛盾，是活动结构的四种矛盾之一。在此我们把各顶点中的矛盾叫做第一种矛盾。第一种矛盾毕竟还是潜在的，不能成为解构活动的直接的契机。相反，下述第二种、第三种、第四种的矛盾则隐藏着引发解构活动的可能性。

第二种矛盾出现在活动结构的顶点之间。比如，在"分工"

第1章 集团动力学

呈现过度的阶级结构化与先进的"工具"所具有的新的可能性之间产生矛盾，就属于此类。再如，在医疗活动（图1-5）中，如果作为"对象"的患者的诉求已经超出单一的生物医疗学范畴，逐步变化为"心的问题"，而作为"工具"的医疗概念仍不能完全脱离以往的生物医学概念，这种情况就属于第二种矛盾。

第三种矛盾是在特定的活动类别（如学校教育活动这一类别）下，传统的支配型活动与新的周边型活动之间产生的矛盾。在第三种矛盾中，支配型活动有将自身的意识形态注入新的活动之中，意图将新活动并入自己内部的倾向。此外，新活动的"主体"也有接受支配型活动的意识形态（或者"对象"）的倾向。从图1-5的医疗活动的例子来看，假设一种可以将心理问题也包括在内，全面应对患者的问题，"以完整的人的视点关注患者"的医疗活动发生了萌芽，那么它和以往的生物医学性的医疗活动之间很可能产生这第三种矛盾。

第四种矛盾是不同类别的活动之间的矛盾。此前，在对不同活动之间的相互依存关系进行分析时，我们已提出活动之间的相互依存关系有四种形式。这些相互依存关系中产生的矛盾就是第四种矛盾。我们继续用说明第三种矛盾时所用的"以完整的人的视点关注患者"的医疗活动这个例子来进行说明。我们回想一下相互依存的四种关系形式中，其中一种是该活动的"对象"也是其他活动本身。让我们来注意一下医疗活动与患者的家庭生活活动之间的关系。如果医生采取完整的人的医疗活动，就必须取得患者家庭的配合，即把患者的家庭生活纳为医疗活动的对象。但是，有时患者家庭方面会完全依赖医院的生物医学治疗，有时甚至拒绝配合。在这种情况下，医疗活动与患者家庭生活活动之间就会产生第四种矛盾。

双重约束

以上是对四个矛盾类型的阐述，矛盾才是产生解构活动的突破口。没有矛盾的存在就不会有解构活动的产生。尤其是相对于原本就潜在着的第一种矛盾，第二种、第三种和第四种矛盾都是显在的。首先，同一活动结构内的第二种矛盾是否显在化是解构活动是否发生的关键。

显在化的第二种矛盾是呈现出双重约束的状态。要不左行要不右行——驻足不前是不允许的。然而，右行，右边有提刀以待的刽子手；左行，左边有持枪而立的杀人恶魔。哪边都不愿意去，可是又必须选择一条路，这就是双重约束。更重要的是，如果发散自由思维，原本可以往上走（飘浮空中）和往下走（潜入地下），现在都被禁止，不能超过"左与右"的框架限制（出乎预料的状况）。这种状况就被称为双重约束。双重约束的状况是一种困境。那么，怎样才能够使这种困境成为解构活动的突破口呢？

为使双重约束变成解构活动的突破口，首先必须在图1-4（活动的结构图）的基础上，对现状进行排除预先判断的彻底分析（现象学的记述）。乍一看，个人的性格和能力似乎是现象的原因，果真如此吗？是不是工具存在问题呢？认识对象的方法如何？个体置身于怎样的集体中？集体的何种规则约束着本人？个体在集团的分工体系中担当着什么样的角色？诸如此类，将对现状的分析向社会性、文化性分析的方向深化。

对于现状的分析还有一个重要的方向，那就是历史的分析。在图1-4中，顶点、顶点间的关系无不是随着时间（只是长短有别）的流逝而形成的。那些看上去理所当然"就是这样"的现状、理所当然"从很早以前，就一直是这样"的现状，说不定出乎意料地并非如此，也许只不过是最近刚刚变成了那样。也许在不久之前，还存在无限的可能，却在某种历史性的背景之下达到了"必须如此"的状态。因此，针对具有时间变动性的图1-4的历史性分析能够丰富现状分析。

刚才我们论述了社会性、文化性分析的重要性，但这并不意味着作为外在事实的社会性、文化性现实的存在，也不意味着普遍真实的历史性事实的存在。正如社会建构主义主张的那样，社会性、文化性的"事实"也好，历史性的事实也罢，都是在或大或小的集体流变中构成的。当然，无论现在还是过去，在某种程

第1章 集团动力学

度上存在外在的物质现实（物质制约条件），不代表任何"事实"都有被构成的可能。然而，即便是承认了外在物质事实的存在，集体可能构成的"事实"也过分多样化了。

现状的社会性、文化性分析以及历史性分析是一种"集体的时空放大"，其目的是将双重约束转变为突破口。根据图1-4，把视野投向双重约束的社会、文化背景，意味着与此前没有被纳入视野的人们建立连带关系，也就意味着相互连带集体的空间性扩大。此外，把历史背景纳入视野，无论是通过文献资料（过去的人们留下的讯息），还是通过遗迹（过去人们的工具和对象），总之是与故去的人们的活动进行联合，也就是相互连带集体的时间性扩大。

相互连带集体的空间/时间性的扩大是为突破双重约束的"工具"登场创造平台。那么，突破双重约束的工具是什么？请看图1-4。以下所述便是将其他活动解构并转换成新活动的活动"工具"。

突破双重约束的工具

双重约束的工具有以下三个类型：①跳板；②模型；③微观世界。

①跳板。在陷入困境（双重约束）的时候，从天而降一般突然显在化的形象、技术、（与人的）巧遇等。比如没有时间、火烧眉毛的紧要关头，灵光乍现的点子，脱口而出的答案，苦苦挣扎中突然偶遇了救命稻草一般的人。在困境这种异常事态中发生的异常事态就是跳板。

从结果来看，具有突破困境（双重约束）的能量的，就是跳板。但是，只有跳板是不能创造新的活动的。跳板只不过是解构活动的契机而已。

②模型。模型将活动的对象抽象化，再对被抽象化的对象进行物象化。在活动的最初期，主体以"模糊的关心领域"为对象，以"手持的知识"为工具作用于对象。但这一阶段的"模糊的关心领域"还没有"主体针对对象"时的对象那么明确。把"模糊

的关心领域"的全体等价于某个特定的侧面（不完全的抽象化），再把这个特定的侧面视为对象并将其物象化，以代替最初的关心领域，此时就形成了"主体—对象"的关系。换句话说，"主体—对象"关系的对象是人工物、模型的原初形态。

从最朴素的水平开始，模型依次有五个水平。最为朴素的第一水平是"典型"模型。假如把某个人视为"日本人"这一对象，这个人就作为日本人的典型被模型化，成为活动的对象。第二水平是分类模式。对象被定位在层次分类框架的某个位置上。第三水平是线性因果关系模型。对象被定位于原因—结果序列中。自然科学这一活动的进步已无法满足于第二水平的模型，而背负创作洗练的第三水平模式的使命。第四水平是系统模式。对象的定位不是单纯的因果序列，而是复杂系统的部分或者是复杂系统本身。最后是第五水平是自组织模式（胚细胞模式）。胚细胞模型能够通过自身内部的程序形成一个不可逆的生命体。第五水平模型的对象就被定位在自组织形成序程之中。

③微观世界。微观世界是指将来新的活动（结构）中的"集体"的缩小版。正如前面对跳板的解释中提到过的，双重约束的状况中隐含着困境中的人们相遇的可能性。或许通过这种人与人的相遇，形成小的集体，以这种小集体的活动成为（小的）母体，再被组织成为（大的）集体，并成为新活动的核心。在这种情况下，最初的小集体成为以后来的集体为核心的新活动的一个工具——小宇宙（微观世界）。

文化赐予的新活动与真正由创造产生的活动

即使突破双重约束，出现新活动的萌芽，仍需要突破两重难关。这两重难关分别相当于前文所述四种矛盾中的第三种矛盾和第四种矛盾。也就是说，这两道难关既是难关，同时也是创造新活动的机遇。

第一道难关是新的活动与以前的支配性活动的争斗。在此，我们有必要对"新的活动"加以区分。一种是当前文化的先锋所"赐予"的新活动（the given new），另一种是没有包括在当前文化

第1章 集团动力学

中的"真正由创造"产生的新活动（the created new）。在很多情况下，突破双重约束而生成的新活动是"被赐予"的活动。因此，第一道难关主要是"被赐予"的新活动与以前的支配性活动之间的斗争。

前面已经讲过，支配性活动具有把自身的意识形态注入新活动之中，使其融入支配性活动的倾向；而新活动的"主体"也具有接受支配性活动的意识形态（或"对象"）的倾向。"被赐予"的新活动能否抵抗住这种倾向存活下来，这就是第三种矛盾，也是新的双重约束状况。

假如"被赐予"的新活动能够得以存活下来的话，其意义超过了单纯针对以往的支配性活动的胜利。这是因为"被赐予"的新活动的胜利离不开突破（下一阶段）双重约束的（下一阶段的）新工具。这个新工具的出现开辟了超越"被赐予"的新活动，实现"真正由创造产生"的新活动的可能性。

假如已经诞生了"真正由创造产生"的新活动，等待它的是第二道难关，也就是第四种矛盾，新活动与其他大量活动之间的斗争。各种活动以为根基的意识形态，通过活动之间的依存关系，在某种程度上保持其完整性。"真正由创造产生"的活动的出现则意味着破坏了既有的完整性。于是，第四种矛盾——恰好也就是新的双重约束状况——出现了。

以上我们基于运动理论叙述了新活动是怎样诞生的。这个过程同时也是如何促使新活动的诞生这一课题的实践指导原则。原则一，无论看上去多么像是个人能力、性格上的问题，最终还是必须从持有社会／文化的、历史的脉络来认识"活动"；第二，活动中潜在的矛盾，以及矛盾的显现（双重约束），恰恰是创造新活动的能量；第三，运动理论认为，把矛盾改变成为创造的，是"新的工具"。以上第一至第三反过来说，只要当前可以利用"新的工具"，那么充分使用矛盾的能量能够创造的新活动的可能领域（往往呈现为新能力和新品质）随时都在扩展。此时创造出来的新活动也包含着"真正由创造产生"的活动。而这个当前扩展着的可能性的活动领域被称为"近侧发展区间①（活动发展的可能领域）"。

● **第1章引用文献** ●

（1）乐学舍，《看護のための人間科学を求めて》，ナカニシヤ出版，2000年。

（2）大泽真幸，《身体の比較社会学》，劲草书房，1990年。

（3）广松涉，《存在と意味》，第一、二卷，岩波书店，1982年、1993年。

（4）Coulter, J.（1979）*The social construction of mind:studies in ethnomethedology and linguistic philosopby*. London: Macmillan. 西坂仰（译），心の社会的構成』ヴィトゲンシュタイン派エスノメソドロジーの視点，新曜社，1998年。

（5）柳父章，《翻訳語成立事情》，岩波书店，1982年。

（6）Sugiman, T. *Theory as a facilitator of collaborative practice by a researcher and people in a field. Theory and psychology.*

（7）卡尔·E. 维克，《センスメーキング・イン・オーガニゼーションズ》，远田雄志、西本直人（译），文真堂，2001年。

（8）约里奥·安捷斯道姆，《拡張による学習：活動理論からのアプローチ》，山住胜广等（译），新曜社，1999年。

---

① 近侧发展区间，the Zone of Proximal Development，坚持ZPD，指学习者的当前水平与实际可能达到的发展水平之间的距离。见前苏联心理学家维果斯基提出的学习理论。——译者注

第2章　自治：人口稀少地区的居民自治体系的创造

杉万俊夫

全日本约3300个市、町、村（2000年统计）中，三分之一属于人口稀少地区。这些人口稀少地区中的居住人口仅占日本总人口的6.2%，但其总面积却达到国土的约一半。在提倡地方分权的今天，在这些人口稀少地区怎样培育居民自治的土壤是个重要的课题。当然，脱离以往的中央主导、依赖中央的体制，培养居民自治对都市来说也是一个重要的课题。然而，人口稀少地区存在着都市所没有的壁障。

自20世纪60年代的经济高度增长以来，很多人口稀少地区由于青年人口大量流失，老龄化程度比全国平均水平（16%）提前了20年。老龄化比例（65岁以上人口占总人口比例）超过25%-30%的地方也不在少数。除了老龄化问题，人口稀少地区还残留着强烈的依赖性、封闭性和保守性，具有传统体质的浓厚色彩。其依赖性具有双重依赖的特征，即地方居民对行政机关（地方公所）的依赖，以及下级行政机关（地方公所）对上级行政机关（县、国家）的依赖。另外，人口稀少地区的封闭性和保守性大多表现为对外界的刺激闭耳塞听，依旧保存着旧时的村落权力构造。在人口稀少地区培养居民自治力量时，大有首先打破这种依赖性、封闭性和保守性的必要。如果不培养人口稀少地区的居民自治力量，徒然自上而下地推进市町村合并，那么在今天大多数的人口稀少地区的稀少化将进一步恶化，不断出现废村区域。那也意味着人类在漫长的历史时期中开拓、维持的农耕地和山林将被荒废遗弃。过去的历史告诉我们，一旦农耕地和山林遭到荒废，再试图将其恢复是极其艰难的。对于逐渐克服上述人口稀少地区的依赖性、封闭性和保守性的传统机制，培养居民自治，我们有着宝贵的先例：那就是在鸟取县智头町开展的、由居民自治体带动村落的活力建设——"零分一村建运动"（以下省略为"零分之一运动"）。笔者已深入参与其中十多年。"零分之一"是从零（无）创造一（最初的"有"），即指无限之跳跃的意义。这次运动经过1996年度的热身期，从1997年正式开始。如今（2005年度）已进入第九年。

第一节　人口稀少问题与人口稀少地区的活力建设

一、人口稀少问题

我国的人口稀少问题产生于20世纪60年代至70年代前半的经济高度增长期，是由大量农山渔村人口进城所引发。农山渔村的人口稀少问题与都市的人口拥挤问题可谓表里一体。根据1965年的国情调查结果，发现当时人口减少的都道府县在五年间已上升至二十五个（除冲绳），人口稀少问题作为一个严重的社会问题而引起关注。而"人口稀少"一词最早被用于官方场合是在经济审议会地域部会于1966年提出的中间报告书《日本经济的地域性变化》中。其后，该审议会于1967年10月正式提出了最终报告书——《走向高密度经济社会的地域课题》。

如前文所述，1965年的国情调查结果公布后，政府认识到国家对人口稀少问题采取综合性对策的必要性，并出台了人口稀少法。人口稀少法是为期10年的暂行法，其后陆续出台了人口稀少地域紧急措施法（1970年公布施行）、人口稀少地域振兴特别措施法（1980年公布施行）、人口稀少地域活力建设特别措施法（1990年公布施行）、人口稀少地域自立促进特别措施法（2000年公布施行）。下文中我们会讲到，这一连串的人口稀少法反映了各个时代需求的变化，同时也反映了"人口稀少问题"本身的变化。

关于人口稀少地域的定义，四次人口稀少法中都曾进行过细致的修正，但总体上都是以人口和财政为必要条件，并基于以下的三个标准对人口稀少地域进行了定义。即：

第2章　自治：人口稀少地区的居民自治体系的创造

（a）人口的过度减少
（b）人口结构的过度偏向（具体包括老龄化人口比例的过度增加和年轻人口比例的过度减少）
（c）自治体的财务能力的过度脆弱性

人口稀少地域是指由于上述原因而呈现出地方活力下降，生产机能、生活环境的完善程度比一般地区低的地方。其中"（b）人口结构的过度偏向"这一项，是自第二次人口稀少法（1980年）起作为一项必要条件补充进去的。

二、人口稀少问题的质的变化

人口稀少法的变化

人口稀少对策的质的变化体现在一系列的人口稀少法的名称中。随着"紧急"→"振兴"→"活力建设"→"自立促进"的变化，人口稀少法的宗旨和重点在发生着质的变化。就是说，随着人口稀少法的实施，社会基础设施得到完善，从完善硬件转向完善包括软件在内的社会系统的整体结构。可以说，这是通过对法律性质的轻度改变来保持法律自身作为措施法的连续性。同时也可以解释为，自20世纪70年代以来，每隔十年，对社会变动和社会需求的变化进行制度上的体现[4]。

其次，我们来概括一下一系列的人口稀少法针对人口稀少对策所发生的质的变化。第一阶段的人口稀少地区对策紧急措施法（1970—1979年），是针对经济高度增长所带来的急剧的人口稀少化现象而出台的。在内容上，以针对难以维持生计和生产功能的地方采取紧急措施为主。具体地讲，绝大部分内容都是完善以道路为首的交通通信体系的社会基础设施。第二阶段的人口稀少地区振兴特别措施法（1980—1989年）时期，因受此前的石油危机影响，经济呈现低增长。在此背景下，人口稀少化减速，人口趋于稳定。虽然当时社会广泛探讨完善生活基础和产业基础等综合性社会基础的对策，但尚未将人口稀少地区的产业振兴提到议事日程上来。第三阶段的人口稀少地区活力建设特别措施法（1990—

社区的集团动力学

1999年）时期，在日本经济国际化、信息化发展的背景下，东京的一极集中状况也进一步恶化。此外，死亡人数超过出生人数导致的人口自然减少等主要原因也在加剧农村地区的人口减少。在人口稀少地区，人口减少及少子、老龄化的现象日趋严重，并出现了地方社会自身都难以维持的区域。对此，作为人口稀少地区的活力建设对策，在单纯的产业振兴政策的基础上更加重视了包括人才培养在内的活力建设手段。第四阶段的人口稀少地区自立促进特别措施法（2000—2009年）时期，也就是现在，在泡沫经济崩溃后具有长期不景气及前景不明朗等特征。此时，人口稀少化现象进一步加剧。第四次的人口稀少法为促进人口稀少地区的自力更生能力，在支持创业和信息化、促进区域间交流的同时，倡导活力建设对策，即通过建立美丽的景观设施和地域文化的振兴等社会体系的整体完善来建立富有个性的地域社会。

从"贫困中的人口稀少"到"富裕中的人口稀少"

在人口稀少现象产生的20世纪60年代，大量且急剧的人口流失使农、山、渔村的生活基础面临崩溃。安达曾对当时的状况进行了如下描述：

> 随着人口、户数的急剧减少，村落的道路已无法修理，汽车也已无法通行。因此，只好从每月一次农协购物车上购买大量的大酱、酱油等物品，从不定期到来的商家那里高价购买并不新鲜的鱼。邮件和报纸也只会集中投递到最靠村口的住户家里。发生火灾时消防车也无法进村。而且，由于农用道路破损严重，村落的农耕也进一步退化。村中财政上的贫困也导致了小学分校经营的困难。

> 如果从国土行政的视角看这种"贫困中的人口稀少"，它只不过是城市的产业发展所留下的阴影，而且是必然的负面产物。即"正因为居住在那种地方所以才无法翻身，如果来到城市里，就会过上幸福得多的生活。所谓高度增长就是这样一回事"——在行政部门，这种观点占据了统治地位。[5]

至70年代，一系列人口稀少法开始实施人口稀少对策。其

第2章 自治：人口稀少地区的居民自治体系的创造

后，经济高度增长所带来的物质生活的富裕也渗透到了人口稀少地区。农、山、渔村的生活和社会基盘被逐步完善，生活水平和生产机能也得到了提高。因此，如今的人口稀少问题是"富裕中的人口稀少问题"，和60年代的"贫困中的人口稀少问题"是不同性质的问题。

的确，人口稀少地区的人口也许今后仍会继续减少，但是不会再出现60年代那样连最低限度的生活基盘都濒于崩溃的悲惨景象。对仍然留守在人口稀少地区的绝大多数居民来说，至少在他们的日常生活方面，能够维持生计，在经济上也能保证一定程度的富裕。这种状况下，居民们虽然能感到一丝伤感和不安，但在日常生活中并没有感到明显的冲击，人口稀少化将会持续下去[4]。

三、人口稀少地区活力面临的重要课题
以人口减少和超少子老龄社会为前提

人口稀少地区不仅人口急剧减少，而且年轻人口大量流失，因此已经迎来了超少子老龄化社会。有些村落已面临荒废的危机。但重要的是，人口减少和超少子老龄化社会的问题不是人口稀少地区特有的问题。据预测，二十一世纪的前四分之一的时期内，日本的总人口增长将迎来高峰期，此后人口将逐渐减少。因此，考虑人口稀少地区的活力问题时，不能忽略人口减少和超少子高龄社会这一前提。换句话说，人口稀少地区的活力问题若只以人口数和年轻人口比例为衡量标准的思路过于简单，而应将人口减少作为前提，以包括老龄人口在内的居民能否过上丰富多彩的生活作为活力的重要标准。而阻碍这一目标实现的，就是以下我们将要论述的地域的依赖性、封闭性和保守性。

正如前文所述，人口稀少地区存在居民对行政（市町村）的依赖，以及行政（市町村）对上级行政（都道府县、国）的依赖这种双重依赖。也就是说，在人口稀少地区，由于财力过度薄弱，自然而然地形成了不得不依靠国家和都道府县等上级行政的局面，即"行政的他力依存性"和"阶层性"。当行政在人口稀少地区推

动地域的自主经营时，这种依赖性就成为了障碍。今后，应当由行政部门（尤其是市町村）明确目标和政策，并由国家或都道府县在尽可能的范围内将财源和权限移交给地方。

同时，人口稀少地区的大部分居民依赖行政部门（尤其是市町村），对地域的发展采取袖手旁观的态度，这对区域振兴无疑是雪上加霜。必须通过居民自主、自立参与，开创新局面，让即使是人口稀少的地区也能够发挥自身的活力。

打破封闭性与保守性

人口稀少地区至今仍（深刻）强烈保留着对外部刺激闭耳不听、将外地人视为"异乡人"进行排斥的封闭性机制的色彩。从外界看来，这是一个无法与之交流的甲壳型共同体。另外，在多数的人口稀少村落还依然保存着旧式的保守权力构造。特别是在依靠林业发展的山村，这种倾向尤为突出。战后虽曾实行农地解放，却没有山林解放。即使是木材价格持续低落的现在，拥有多处山林的富裕者依然掌控着村落的决策权。即使可能有利于村落活力建设的意见，如果不能获得极少数的资产家和权威者的首肯就只能胎死腹中。这种拒绝变革的"乡村的陋习"使很多年轻人抛弃故乡。于是绝大多数的居民选择"明哲保身"的处世哲学。

综上所述，为实现人口稀少地区活力建设的目标，必须在人口减少和超少子高龄社会的前提下（而非简单地将人口与年轻人口比例的增加作为活力建设的指标），打破地方的依赖性、封闭性和保守性。这绝不是一件容易的事，但也有逐步实现的宝贵案例，这就是下面将要介绍的"零分之一运动"。

第2章 自治：人口稀少地区的居民自治体系的创造

第二节 智头町"零分之一村建运动"

一、智头町的概况

鸟取县智头町属于典型的山区人口稀少地区，位于鸟取县东南端，西面和南面与冈山县相邻。周围是海拔1000米级别的中国[①]山地的连绵群山。河流穿过这些山谷，在智头合流，汇成千代川流入日本海。面积为224.61平方公里，其中山林约占93%。自江户时代起，该地区的杉林种植就颇具规模（参照卷头彩图1及图2-1）。

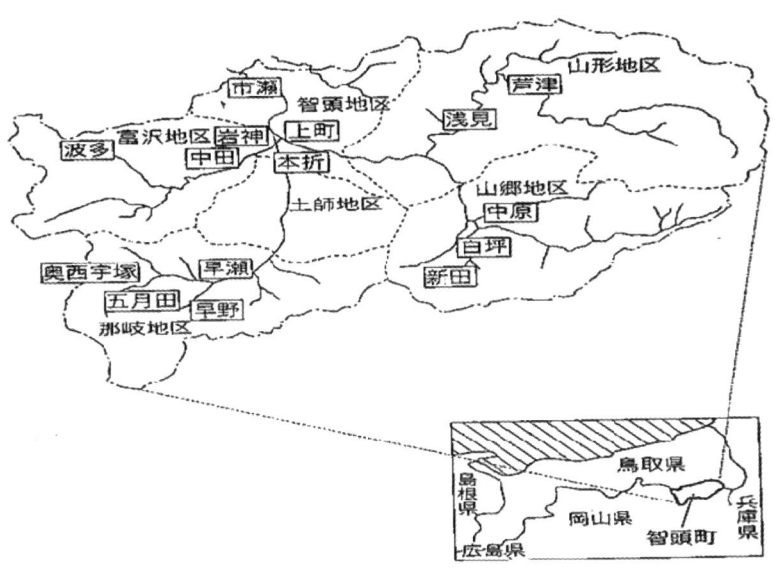

图2-1 智头町地区（旧村）和参加"零分之一村建运动"的村落

但1960年代出现了明显的人口向城市分流的现象，加之恰逢

---

① 日本的"中国地方"位于日本本州岛南部，由鸟取县、冈山县、岛根县、广岛县、山口县五个县组成。——译者注

社区的集团动力学

林业低谷期，该町的经济活力明显下降。其结果，该町的人口自1955年（昭和30年）的14643人下降至2000年（平成12年8月1日为止）的9744人。老龄人口比例也已远远超过全国平均值，达到约28.1%。

另外，智头町于1914年（大正3年）实施町制，1935年（昭和10年）对山形、那岐、土师进行合并，次年进一步对福泽、1954年（昭和29年）对山乡等旧村进行合并。这些旧町村重新划分为六个领地并保留至今。每个领地约有10个到25个村落，每个村落由数10户组成，每家每户的房屋或排列成行，或采取明显的集中式排列，其景象让人想起自古以来的村落共同体。智头町共有89个村落。

一直以来，村落作为一个共同体发挥着功能。在进行道路、水田、旱田、山林等的维护、管理，以及庙会、婚礼、葬礼等活动时，村落采取集体行动，称作"综事"。它实际上不只是单纯的村民集体出动做事情，还证明村落在日常生活中是不可缺少的，居民们在村落中分享着集体感。

但是，在战后的经济增长过程中，村落已逐渐失去了共同体的性质。在人口稀少化的过程中，一直居住在村落里的居民纷纷开始去邻近的城市（以智头为例，居民选择40公里外的鸟取市）或町中心地带上班，所谓的兼业农家逐渐增加。如今的村落无论是作为获取收入的场所还是人际交往的场所，都已失去了原来的重要地位。虽然现在确实保留着部分"综事"，但早已被降格到次要的地位。自古以来的"一户一人"（每个家庭必须出一个人参加综事的规定）也只是让村人还保留着强烈的责任感而已。

面对这样的村落现状，有人发起了运动，试图打破僵局、恢复村落的活力，这就是"零分之一运动"。在这种意义上，也可以称其为村落复权运动。

二、"零分之一运动"的背景与概要

"零分之一运动"的前身可以追溯到20世纪80年代[6-8]。其前

第2章 自治：人口稀少地区的居民自治体系的创造

身始于两位风格截然不同的人物，前桥登志行（当时48岁，木材加工厂经营者）和寺谷笃（当时36岁，特定邮局[①]局长）的偶然相遇[1984年（昭和59年）]。首先，简单地介绍一下两个人的相遇。

前桥和寺谷偶遇时，正值智头町山区被选为鸟取国民体育大会（1985年的若鸟全运会）空手道比赛场地，智头町的所有人都沉浸在异常喜悦兴奋的情绪之中。时任地区公民馆馆长的前桥正在制作赠送给大会参赛选手和观众的纪念品，智头町的名产——利用杉木的间伐材（间伐材：为了调整森林密度，有利于整体树木的生长或在主伐期之前所进行的伐木称为间伐材）制成的相框。而寺谷正在计划实施杉木板明信片的制作和商业化运作，以促进邮局业务改革。寺谷为寻找杉木板明信片的制造商而拜访了前桥家，两个第一次相见。此后约一周之内，寺谷连日拜访前桥家中，俩人畅谈人生、智头町的现状和未来。对于地方社会被极少数的富裕者所掌控、拒绝任何新尝试的固步自封体质，两个人都抱有强烈的不满，并志同道合地下定决心，势必打破这种局面。

两个人果断地开始了新的挑战。首先，从1985年开始的五年内，接连推行三项实业，提高杉木的附加价值。其实，环绕在智头町四周的群山上遍布着杉林。而且由于优良的水土条件，智头町的杉木极其优质。但这些杉木属于少数山林所有者，他们从来没有积极地考虑过提高杉木的附加价值。

三项实业中的第一炮，是利用以往将被遗弃的间伐材和边角碎料开发木制手工艺品的业务。1985年，两个人创立了智头木创舍，开发了用杉木制作的名片、明信片、绘画本的商品。当时，除了纸制明信片，板制明信片也得到了承认。他们还组织了杉板明信片的设计比赛"木造游政比赛"（1987年），收到大量参赛作品，比赛取得了成功。

[①] 日本邮局在民营化之前采取"三等邮局"制度，将邮局分为特定邮局、普通邮局和简易邮局三类。2007年日本邮局民营化实施后，特定邮局和普通邮局被废止。——译者注

社区的集团动力学

　　第二是利用智头的杉木建造住宅的设计竞赛"智头杉——日本之家竞赛"（照片2-1）。组织方曾向政府部门提出支援的请求，但被置之不理。竞赛收到来自全国各地多达148件参赛的设计图，获得了成功。此前，智头的杉木虽然优质，却是以吉野杉的名义作为其他地方的品牌上市的。但这次竞赛后，"智头杉"的品牌随之诞生。以这次竞赛为契机而设立的木材加工业者工会拿到了设计图纸的技术成果。

　　第三是进一步扩大规模，建造了由数栋以杉木制成的园木小屋组成的娱乐区域"杉木村"。智头本身已属山区，杉木村的修建地址反而选在山中最深处的村落——这一选择实际上包含了这样一种挑战精神：如果连这里都能够充满生机的话，那么其他任何地方都可以实现活力。但该村落的人们却冷眼看待："这种东西真的能建得起来吗？外面的人冒冒失失闯进来做什么？"1989年，持续了一个夏天的施工（照片2-2）结束后，竣工的圆木小屋被无偿地转让给了当地村落。如今，每年有超过一万五千人在"杉木村"度假休闲。"杉木村"已成为村民们的骄傲（照片2-3）。

　　上面，我们介绍了以提高杉木附加价值为核心开展的三项实业。然而，这些实业的实施并不是一帆风顺的。前桥和寺谷，以及他们的少数拥护者，就如同一个又大又深的沼泽平静的水面上突然冒出来的小气泡。面对试图将他们再次吸入水面下的整个沼泽的吸力，这些小气泡一直在奋力抵抗着，拼命地保护着自己，坚持存在下去。地方的保守势力就试图吸掉突然出现的小集体，想恢复以往的平静。有的人不理不睬，有的人冷眼相对，还有的人赤裸裸地施加压力，试图将小集体的出现变成"一时的错误"。正是在这种背景下，1988年，以前桥和寺谷为中心的约30人，组成了"智头町活力建设项目团队（Chizu Creative Project Team，简称CCPT）"。

　　建成"杉木村"圆木小屋群以后（1989—1994年），CCPT将活动的重点从"物"的制造转移到了"人"的创造。尤其是通过学术、科学和异文化的交流来培育人的活动进行得有声有色。在

第2章　自治：人口稀少地区的居民自治体系的创造

学术、科学交流方面，从1989年起长达10年间，各行各业的研究者和知识分子应邀来到"杉木村"，在每年的秋季开设两夜三天的讲座，围绕区域建设开展热烈的讨论。另外，连续十年，每年举办四届读书会。

异文化交流也进行得非常活跃。1988年募集资金，开始了本地青年的海外派遣项目。此外，CCPT成员等人也积极与海外进行交流。他们从1989年开始积攒差旅费，于1992年一行23人赴加拿大访问，和（以指导）建设圆木小屋时作为技术指导的女性等（为首的）众人进行了深入交流（照片2-4）。作为回应，加拿大一行16人于次年的1993年回访了智头町。

历经10年的活力建设运动获得的上述成就，受到了广泛的认可。前桥和寺谷带头创业10年后，CCPT成员认真严格地总结了这10年的工作，就今后的方向进行了激烈的讨论，最终得出了"必须改变行政（地方公所）"的结论。CCPT的成员中也包括几个政府行政职员。通过这几个人，CCPT的活动突破了行政的铜墙铁壁，并渗透到其中。在向町行政的渗透过程中，诞生了"向日葵体系"（即邮递员在公所、医院、农协的协助下，为独居老人提供在家福利服务的系统。参见照片2-5），以及本章的主题"零分之一运动"等活动。

"零分之一运动"经过1996年度的热身期、于1997年度正式开始。1997年度，市濑、白坪、新田、中田、波多、早濑、本折等七个村落着手参加了运动。1998年度五月田、中原，1999年度上町，2000年度芦津、岩神、奥西宇塚、早野，2002年度浅见也陆续加入。至此，智头町89个村落中有15个村落已加入了该运动（参见图2-1）。

三、"零分之一运动"的规则
运动的理念

"零分之一运动"以村落为单位，已持续了10年。但各村落并不是完全自由开展运动的，而是有着共同的理念和规定的手续。

社区的集团动力学

首先，我们看一下"零分之一运动"的计划书中是怎么写的：

……这个町，如果具备町的功能，并确立令人自豪的自治机制，那么在二十一世纪，可以为"智头町"确定一个无可动摇的地位。为此，要采取的小规模的大战略是提高村落的自治度。通过智头町"零分之一建村运动"的开展，我们认为可以重新评价整个地方，用自己踏出的一步构建和外界的交流与纽带，创造出具有丰富的时代精神的、令人自豪的智头町。所谓"零分之一建村运动"，踏出从零到一、从无到有的一步才是建国建村的精神。这项运动是对在这个地方共同居住、共同生活、创造共同的人生价值的一次审视。它让智头町内的各个村落各自挖掘出一个属于自己的特色，对外界进行开放，从而打造村落引以为豪的"宝物"。

五根支柱

遵循以上宗旨，运动围绕着五根支柱开展。

1. 村落的骄傲（宝物）的打造：挖掘出一个本村的特色，建设有自豪感的村庄。

2. 居民自治：自己成为主角，用自己踏出的一步建设村庄。

3. 计划的制订：从具有一定长期性的视角出发，思考村子的走向，设定关于村庄未来的计划，并计划和实施符合其村庄特色的实业。

4. 国内外交流：为打造村落的自豪感，有意识地和外界进行交流。

5. 区域经营：对生活和地方文化进行再评价，创造村庄的附加价值。

对以上五根支柱可以作如下的理解。首先，"打造村落的骄傲（宝物）"是"零分之一运动"的目的。朝着这个目标，不能完全依赖行政，而由居民自主地"制订计划"。具体来说，即从"区域经营"的视角出发，并同时考虑"和国内外的交流"，重新审视村落的生活和文化，以此培育"居民自治"的意识。或者换一个思维，从前文提到的人口稀少地区存在的问题——依赖性、封闭性、

第2章 自治：人口稀少地区的居民自治体系的创造

保守性来考虑的话，则可以这样说："零分之一运动"是一项通过"区域经营"打破地方的保守性，通过"交流"打破其封闭性，从而打破权威者的支配，以建立居民自主计划、并努力实现"居民自治系统"的运动。

村落振兴协议会

参加"零分之一运动"的村落将首先设立村落振兴协议会。村落振兴协议会将根据"村落振兴协议会条约"开展运动。在条约开头明确了协议会的设立目的："我们将自己迈出步伐，以自己的智慧和汗水，同心协力打造出村落引以为豪的宝物，并为此设立本协议会。"紧接着，前面所介绍的五根支柱即是协议会的基本方针。

村落振兴协议会设有会长一名、副会长若干名、事务局长一名、部会长三名、会计一名及监察两名。任期均为三年。事务局设在会长家中。村落振兴协议会设置三个部会，即主管地区整体计划事务的"总务计划部会"、主管促进国内外交流的"交流促进部会"、主管地方文化再评价和活力建设事业的"村建部会"。另外，公民馆、妇人会、青年团、老年人俱乐部等原有的组织也被包含在村落振兴协议会中。居住在该村落的町会议员、财产区议员也同时作为会长的顾问被包含在村落振兴协议会里。（参照图2-2）

干部从由居民全员参加的总会（每年一度）的民主选举中产生。活动计划、决算、预算需通过总会承认。仅次于总会的决议部门是由会长以下、部会长以上的人员组成的干部会。干部会在会长认为有必要时适当召开。村落振兴协议会被赋予了智头町的认定法人地位。

村落自古以来，每年选出区长，操办村落的各种仪式和综事，并负责与公所的联络。但只要涉及"零分之一运动"的实业，和公所打交道的就是村落振兴协议会。其运营资金除从全村各户收取会费外，前两年由公务所每年支付了50万日元，第三年以后每年支付25万日元，10年间共计300万日元补助金。但这些补助金并非被用于建筑物、设备、备品等硬件设备，而是用于活动的直接经费、通信及信息收集费等经营费用（软件）的开支。除此以外，实物及现金捐赠、实业收益也成为运营资金的一部分来源。除提供补助金之外，公所还派遣了地域计划设定专家及公所的工作人员作为顾问，而村落振兴协议会也接受了这些顾问。公所还积极提供村建运动所需要的各种信息。村落振兴协议会也可以向公所提出派遣顾问的要求。

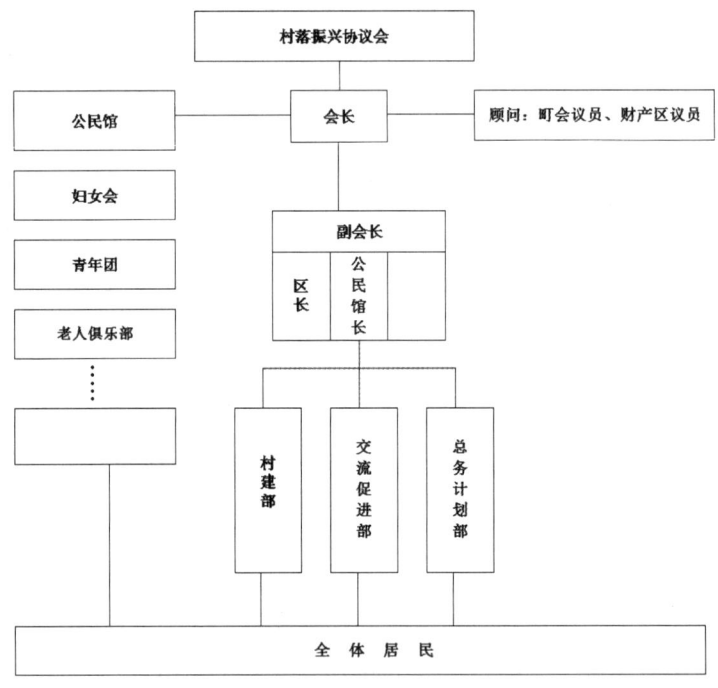

图2-2　村落振兴协议会的组织图

第三节　村落建设运动的兴起

参加村落运动的事例

那么，根据以上规则参加"零分之一运动"的村落具体进行了哪些活动呢？本节将对从第一年度（1997年度）和第二年度就

第2章 自治：人口稀少地区的居民自治体系的创造

开始参加运动的九个村落参加的经过和开展的活动进行介绍⁽⁷⁾。下文中涉及的户数和人数采用了2000年8月的数据。

中原村落（82户，296人）——村落振兴协议会设在村落中心地带

在"零分之一运动"开始的5年前（1992年），以N氏（当时46岁）为核心、20多至40多岁的约40人结成了"中原梦之村"，从1993年至1996年的四年间组织了县补助活动，每天都进行讨论、研究计划到深夜。为了听取居民的意见，实施了多次问卷调查。要想获得5000万日元的补助金，必须自行负担1000万日元。为此，N氏等人说服村里的权威人士，筹得了1000万投资。继这项活动之后，他们又实施了町和县的补助活动，甚至自己募集贷款，丰富了公民馆、观音堂等村落的设施设备。N氏等村落中壮年层的实力和业绩逐渐打破了所谓的"除了有两间耳房的权威人士，其他人不可能当村落的长官"这一地方性的机制。

"零分之一运动"开始的第一年度（1997年），拥有以上业绩的N氏担任了这项运动的顾问（参见上一节末尾），中原村落也决定从次年度开始参加运动，这在村落总会上顺利通过。因为居民在之前一直负担各种活动的会费，所以对这次的每户1000日元的会费也没有任何怨言。N氏担任了村落振兴协议会的第一任会长。运动开始以来，区域经营的萌芽茁壮成长，如在养鱼场旁边修建露营地、豇豆的栽培和蔓草加工的商品化、在观音堂纳凉庙会和秋庙会上出货摊等。另外，为了进一步加强和进城人员之间的交流，每年数次发行名为"梦之村通信"的报纸，刊载村落的近况。

村落自治的状况也发生了大的变化。在"零分之一运动"之前，中壮年部虽积极企划各种活动，但如果不在总会上"拜托"大家获得通过，就无法进入实施阶段。不少居民也认为那只不过是"一部分人的企划"。但如今以N氏为首的中壮年部的每个人在村落振兴协议会掌握了领导权，而且村落振兴协议会又是全村参与的组织，所以实现了让有干劲的人引导全村前进的机制。村落振兴协议会变成能实现村落大部分人的意向、作出村落的大部分

决策的机制。其后，会长从第二代向第三代交接。村落振兴协议会的核心成员中出现了三十几岁的人。他们抱着一种"以前一直事不关己，但今后要积极提交各种提案"的信念，加入进来。很多女性脱离了受到来自町或町以上级别的压力的妇人会，独自结成了"秋樱部"并加入了村落振兴协议会。从今年起村落振兴协议会还担负起了敬老会的协助工作。

市濑村落（33户，126人）——把村落振兴协议会和集会分别使用

从小一起长大的伙伴们，早晨却只按汽车喇叭表示打招呼，这样松散的村落状况能说得过去吗？不管有多忙，二月、五月、八月、十一月的一日，大家一定聚一聚聊一聊吧。就这样，1992年，由清一色的战后出生的长子们十几人结成了"一日会"。这是"零分之一运动"开始五年前的事情。

一日会不只是单纯的联谊会，它还是一个做企划的团体。一日会下设防沙委员会、下水道委员会、未来委员会，并稳步推进了工作。同时还开设了各种学习会。其目的就是想尽办法改变以长老为中心的村落运营机制。

1996年，他们毫不犹豫地着手参加了"零分之一运动"。为了得到从全村各户收取会费的许可，他们向村集会求助。年长者也同意给予配合。一日会的成员担任了村落振兴协议会的干部，K氏（当时49岁）当选为会长。

1996年的热身期间，村里接受由町派遣的区域建设顾问的指导，同时对村落现状进行分析，构想出了10年以后的村落的未来景像——要建新的公民馆、河堤沿岸的花坛、亲水公园、旧街道的修复等。其中已老朽化的公民馆重建可以利用防沙工程的补助金。在1996年12月举办的"零分之一运动"启动仪式中，他们把对村落未来的想象图画在大幅模造纸上，贴在了舞台上。

1998年10月，公民馆的工程顺利进行，刚刚铺完地板时，山阴地段遭受了因10号台风的影响突降的大暴雨。在整个智头町，市濑村落受灾最重，建设中的公民馆也被淹在雨水中。因工作调

第2章　自治：人口稀少地区的居民自治体系的创造

动带来外界视角的第二任会长S氏（当时58岁）为集中精力做重建工作而卸任，A氏（当时53岁）接替了会长一职。1998年12月，公民馆竣工，缓解了居民因水灾而遭受的精神打击。

虽然不幸遭受了水灾，但"零分之一运动"朝着人们对10年后的梦想在稳步前进。在区域经营方面，开展了荞麦的尝试性生产、花坛工程、蒟蒻的生产等项目。此外，纳凉庙会加深了留守人员与进城人员之间的交流。而通过教授和学习蒟蒻的生产方法，老年和中年两代女性之间也加深了交流和沟通。

一日会从2000年开始，变成了夫妇一起参加的活动。年轻成员也加入进来。尽管如此，其作为企划团体的性质却没有变。他们从一家出一个人的传统集会和居民全员参加的村落振兴协议会这两个执行规则中作出适当的选择，实现着自己的企划事业。

波多村落（30户，126人）——用互联网发送信息

"就交给我们吧！"——1989年1月，就在昭和年号更换为平成年号的前几天，八位壮年人士站起来了，组成了"八兴会"，决心以八个人的力量在波多掀起改革的波浪，振兴波多。35年前建造的公民馆早已变得老朽不堪，居民想建一座新公民馆的热情空前高涨。但年长的领导们束手无策，挺身而出的八个人勇敢地打破了年长者主导下的惯性。"这只能是交给年轻人了，交给他们试试吧"。年长者们把20万元经费委托给了八兴会。

波多村落位于千代川支流新见川的最深处。八兴会首先瞄准了河川最深处村庄的县级补助金项目的获取。其目的是在利用该项目来建造新的公民馆。但是，项目预算高达5000万日元，规模超出公民馆建设。因此，除了公民馆以外，必须站在更高的立场上考虑村落建设。八兴会在收集居民各阶层意见的基础上专心致力于开展项目工作。村民们把梦寐以求的公民馆（1995年竣工）当作继续教育的场所，并命名为"学习塾"，那么，以学习塾为基地开展哪些活动好呢？正在此时，也就是1996年，"零分之一运动"的消息开始传播开来，给第二个活动带来了绝佳的契机。八兴会成员之中，Y氏（当时50岁）担任了运动顾问，而K氏（当

社区的集团动力学

时48岁)鼓起勇气担任了第一任会长职务。大家为村落振兴协议会起了一个昵称:"馨园·波多"(HEARTOPIA·HATA)。作为区域经营的尝试,他们开始了紫萼(一种野菜)的栽培。老年人也积极参与操场的除草、紫阳花的修剪、盂兰盆会舞的指导等。此外,照顾独居老人的"向日葵体系"的村落版也被列入计划。

"零分之一运动"为有干劲的人和有能力的人提供了舞台。在波多村落,精通电脑的O氏(43岁)在第一时间开设了网站,为交流和宣传活动作出了贡献。对于O氏这样过去并不参与村落运动的人们,零分之一运动也时刻敞开大门等待他们的加入。O氏接受了领导推进"零分之一运动"的整体信息化作业的任务,并从2000年开始作为第二任会长大显身手。

早濑村落(53户,160人)——重振雄风的老年人的力量

随着老龄化比例显著增高,村落的核心成员除了老年人别无他人。在村集会中,富裕阶层的发言权依然占很大分量。根据古老传统,不同的间[①],各种仪式、活动也不同,村庄缺乏整体感。没有享受过补助项目津贴,除了陈旧的公民馆外别无设施。在这种背景下,早濑村落开始了"零分之一运动"。"如果老师不当会长的话,早濑的零分之一运动就无法开展!"原小学校长N氏(当时69岁)在一张纸上写满了自己担任的职务,坚决辞退了会长一职。但居民的热情打动了N氏。1996年早濑村庄的运动进入了热身期。首先对村庄的所有成员进行了问卷调查。男女老少在黑暗的公民馆一次次聚会,就村落的现状和10年后的蓝图画了两个地图。让我们将早濑变成一个世外桃源!大家在山脚下、道路两旁种植了大片桃花,在田野的倾斜面上种植了紫阳花。村民们出土地、原材料和劳动力建了一座亭子,命名为"桃里安濑"。以往整天闷在家里的老年人也走了出来,亭子成为一个交流的平台。接着又建造了"桃里经"和"桃千望"(卷头彩图2)。为使区域经营能够创造收益,大家开发了竹炭。建完窑,经过试验阶段后,正

---

① 村中组织区划的名称。——译者注

第2章 自治：人口稀少地区的居民自治体系的创造

式投入生产，走向了商品化。每月第一、第三个星期日在国道沿线开设早市，贩卖自产的蔬菜和土产品，其中当然也包括竹炭。

交流活动也显得异常活跃。首先，隔周向村民发行由N氏编辑的宣传报纸《村建信息》，加深了村民对运动的了解。同时，面向町外的本村人发行了《故乡的来信》，并收到了回信。互联网上的网站也已准备开通。另外，作为一项有特色的交流活动，村落接受了东京某函授制高中的学生交流访问，为他们提供农林业方面的体验。1999年，县级补助项目得到了落实。这也是对"零分之一运动"取得的成就的肯定。至此，村民们多年来梦寐以求的新公民馆的建设终于有了眉目。同时，包括住宿设施和完善的太阳能系统的设计图也已完成。40岁左右的人们也开始积极地发言参与。在从N氏手中接任会长的K氏（当时60岁）的指挥下，村子里启动了开工仪式，建成了新的公民馆——"交民馆"。

五月田村落（14户，73人）——不怕村庄小，只要携起手

"从那么小的时候起，我们就在这里长大。那时我们遥望着那座山，相信自己一定会成长。如今，大家还能在这里相见，多么令人高兴。放声歌唱吧，我亲爱的伙伴们！"——在五月会，只要聚在一起喝酒，就会唱这首歌。这是大家在青年团时代爱唱的歌曲。1982年，13位20多岁的人设立了五月会。

他们的父辈曾经是一群只要聚集到一起就会吵架、互相拖后腿的人，从来不会相互合作进行农场整修等集体作业。五月会于1989年至1990年间，不顾父母们的反对，果断实行了菜园整修，更是将道路、公民馆的用地问题视为最优先考虑对象。像五月会这样的小村庄，是无法单独争取到县或町的补助金的。于是，他们依靠自身的力量筹资，建立了公民馆"伊吕波馆"。从1996年开始，他们着手参加了"零分之一运动"。大家跃跃欲试："连我们这么小的村庄，也给了一份补助金。"实际上，他们当初就是抱着为"伊吕波馆"争取维持费用的心态参加运动的。在村落振兴协议会里，T氏（当时43岁）、O氏（39岁）、M氏（35岁）发挥着领导人的作用，但会长一职却托付给了当地极乐寺的僧人Y氏。

社区的集团动力学

村里有一尊歪着头、仿佛在思考的地藏菩萨像。过去,在这尊"思考地藏"旁,曾经每年八月都会举行由儿童举办的地藏盆会。如今,村落振兴协议会把它办成了整个村庄的庙会,占据了区域经营的核心地位。因为在庙会上摆摊可以创收,而庙会本身也有益于居民之间的交流。除此以外,村民们还着手开发香菇的栽培和商品化。五月田村的人口虽少,儿童却占了很大的比例。在"伊吕波馆"举行儿童活动,老年人也会光顾。"永远让每个村民都有一席之地",——五月田村有着小村庄才有的细致体贴。

中田村落(26户,113人)——在集会上说出心声

"年轻人放手做吧,我们在背后支持你们。"1996年,村落集会批准了参加"零分之一运动"的有关事宜。N氏(当时45岁)说,有了长老们的这句话,顿时松了口气。由村落长官(区长)的指名,N氏出任了村落振兴协议会会长。但最初,他们根本不知道从何下手为好。他们以问卷的方式收集了村民的意见,并列出了活动的清单。

直到30年前,每年秋季在中田村的笼山南山坡上会浮现出一个直径约15米的被叫做"蛇之轮"的环。围绕这一景观,至今还有一些爱情悲剧的传说。其实,那是深褐色的草场上变成金黄色的芭茅所勾画出来的环。但自从除草烧山的人消失以后杂木成林,蛇之轮也随之不见了。村落振兴协议会将复原蛇之轮视为地域经营的重点项目,确定正确的位置,铲除杂木,按照蛇之轮的形状培育芭茅。尽管还没有完全恢复,但到2000年7月时,已将芭茅修剪成了"平成蛇之轮"。

全村约有十名小学生。立在村口处的地图就出自这些小学生之手。协议会在公民馆旁边修建了花坛,在休耕田里栽培了荞麦和甜玉米。在町内有各种活动时也积极地摆货摊。"多年养成的一家出一人的习惯很难克服。但我们希望在零分之一运动中每家多出几个人。不要认为我家已经有老爷子出力了,就行了!——在零分之一运动中,希望大家尽量不做事前准备,在集会上交流每个人的心声。如果事前就准备好的话,没有参与事前商量的人就

第2章 自治：人口稀少地区的居民自治体系的创造

会受到排挤。"N氏说。

新田村落（18户，57人）——想方设法创造就业场所

在政府部门的介绍下，于1991年开始的、与大阪泉市民生协的交流活动，给新田村带来了翻天覆地的变化。很多想体验农业生活，或是怀念故乡农家气息的城里人造访了村子。以此为契机，村里接到了四个补助项目，建造了可供住宿的公民馆、茶馆、小别墅等设施，还整修了河川。在这一连串的项目中，说服村民们参与其中的正是町会议员O氏（当时50岁）。十年计划中的交流项目进行到一半，正当开始后五年计划时，"零分之一运动"开始了。1996年，O氏毫不犹豫地下决心参与了该运动，并担任了村落振兴协议会会长。O氏说："随着困难的出现，村民之间反而更坚定了非做不可的决心。大家无论如何都想创造就业的场所"。自从参加"零分之一运动"以来，他们已不再局限于大阪泉市的来访者，着手扩大了住宿建设以面向更多的来访者。虽然在平静的小村庄里想要有所作为，必然会引起风波和冲突，但村民也切身感受到了亲手使村庄变得生机勃勃的喜悦和将自己的视野扩大到外面世界的重要性。随着住宿设施的扩建，妇女的发言权也日益增强。这是因为住宿客人的照顾和饮食都必须依靠村里的女性。如果每家只派一个男性代表来参加集会，有些事情就无法完成必要的商洽。因此，集会出席者中女性的比例增加到了三分之一。

新田村落有一种叫人偶净琉璃的传统表演艺术，因此，新田村的公民馆被命名为"人偶净琉璃馆"。在"清流之里"茶馆内，常设有可以表演人偶净琉璃的舞台。最近，在玩偶净琉璃的继承者队伍中开始出现了女性表演者。

本折村落（93户、309人）——听取采纳反对者的意见

1996年，本折村为搞活村庄正准备成立"议村会"的时候，从政府部门传来"零分之一运动"的消息。在村落例会上也批准了将零分之一运动开展下去的决定。村落振兴协议会的昵称被定为"议村会"。"议村会"的发起成员之一的I氏（当时45岁），因具有参加活动的经验，获得村民认可而被选为协议会会长。按照

社区的集团动力学

规定，全村每户收取会费，但最后决定对独居老人和生活保障家庭免收会费。

作为地域经营的项目之一，村落开发了袖珍伞，即传统艺术伞舞中所使用的伞的模型，用筷子和牙签做伞的骨架，再贴上彩色和纸。样本由一对夫妇制作。如今，这种袖珍伞由以Ⅰ氏为中心的零分之一工房"宝梦多运"商业化生产。在沿公路30米长的墙壁上画满了宣传伞舞的壁画。以前从未参加过运动的人也提出了建议："咱们是否在智头特快列车上也涂一些画？"以这项活动为契机，"零分之一运动"受到了更多群众的接纳。环境美化也是运动的核心。在学生上学道路的两侧种植了500株郁金香，还利用休耕田栽培了花苗。

零分之一运动和强制性地每户必须出一人参加的综事不同，如果想参与，谁都能参与，而且协议会也期望着众人的参与。有一天，协议会把挖出来的土豆分给了没有参加挖土豆劳动的人。"我们没有出力，也能拿吗？""等你们能出力的时候，就来出力吧。"Y氏（当时47岁）之后，第三任会长由K氏（46岁）接任。此时，已有越来越多的老年志愿者加入到除草作业的行列中来了。

白坪村落（19户，81人）——不强人所难，踏踏实实地搞活动

从1992年至1995年期间，白坪村与邻接的新田村一样获得了两个补助项目。其核心是从战前就存在的、由20岁以上60岁以下男性组成的和睦团体：一心会。他们集会数十次，边计划建设新公民馆，边考虑以此为起点今后应开展哪些工作。根据妇女们的要求，在厨房保留了充足的加工空间。在公民馆，人们利用各家各户多余的蔬菜制作和出售什锦酱菜。另外，过去由各家各自制作的大酱，现在由大家统一加工，并出售多余的大酱。

各个项目进行得很顺利，即使在补助项目结束之后，村民们也希望继续开展活动。此时，正逢"零分之一运动"开始，村落集会决定参加该运动。时任村落长官（区长）的K．S氏（当时47岁）担任了村落振兴协议会会长。直到1970年权威人士的支配色

第2章 自治：人口稀少地区的居民自治体系的创造

彩还很浓厚的集会，如今已形成自由交换意见的氛围。长老们也自认是配角。在这里，村落振兴协议会是属于集会的下属组织。

作为地域经营项目，他们将大豆生产面积增加到一反（10公亩），大酱增产至1.5吨。同时开始栽培黄花龙芽，种植酿酒时做曲子用的大米，开发用黄瓜和野菜制作的土特产等。此外，还为整修山林开设了间伐讲座。为加深村落内部的交流，村中举办了纳凉庙会。老人们还表演了原汁原味的本地舞蹈。现在，他们正在实施史迹调查，目的是制作本村的史迹地图。之后，会长一职由K．K氏（41岁）接任。如今，他们正在计划和其他正在开展零分之一运动的村庄进行交流。

每到年底，智头町综合中心将举办"零分之一运动发布会"。参与运动的村落均会报告过去一年的活动内容。会上除了参加运动的村落以外，到场观看的还有其他村落、甚至町外的人，包括孩子们。在1999年底举行的发布会上，五月田村的四位村民登上讲台表演了脱口秀，主题是何为"零分之一运动"。他们把日常的议论带给了听众。

其实，还有一种构想：在比村落更高一级的地区级别上开展同样的运动。即，设立区域振兴协议会。如果在同一个区域有好几个村落参加运动的话，这种构想是可以实现的。在那岐地区，已有早濑、五月田、早野、奥西宇塚四个村落组建了"喂！那岐网络"。每个月一次，四个村落在与邻町交界处的山顶的路边餐馆前举办联合早市，出售各自的特产。另外，在各村落的项目上，网络的成员之间也会互助互惠。这样的活动，使村落超越了单纯的集体，让地方一改曾经的旧村面貌，焕发了新的生机。

运动的要点

以上是"零分之一运动"的实际案例的介绍。那么，参加运动的当事人，应该注意哪些事项呢？以下是由他们整理出来的要点。

依靠有干劲的个人

以往，村落的运营全靠每年挨家挨户进行轮岗，而轮到自家的人就得面对全村的人孤军奋战。"要是能不干，我才不想干呢。但是轮到我了，如果不干，那就等于要被全村人孤立。没办法，只好当一年的免费劳工了。"——这种心情，与城里人轮到自己当町内会或自治会的干事而不得不接受的心情是一模一样的。而与之相反，"零分之一运动"的村落振兴协议会，尤其是其干部是由充满干劲的志愿者组成的。如果村落是一辆火车，有干劲的志愿者就是火车头。火车头与村民们一起决定目的地，牵引村民们前进。

以往的村落运营是以家庭为单位的。正如常说的一户一人，参与村落综事和聚会时每户出一人，如果户主健在则由户主出席，约定俗成。很少有年轻人或女性直接参与村落运营。而在村落振兴协议会，参与者始终是作为一个村民参加的。他不是作为一户的代表，而是以个人的身份参与。当然，也没有一户出一人的限制。只要是支持运动，不管是谁都可以以个人的资格参与。就是说，村落振兴协议会是面向所有村民的、开放式的舞台。只要你有参与的意愿，谁都可以登上这个舞台，发挥自己的能力和个性。重视个人而不是家庭或既成的组织、团体，这一姿态是非常重要的。比如，指派某项任务时，"委托妇人会吧"，"让老人俱乐部干吧"是行不通的。首先，听取每个人的意向，如果有人愿意干的话，就直接指名给他。就算没有人举手，也会经过协商，指定委托给某个人。绝不能指定某个组织或团体。这样，通过让每个人都有机会将面孔和姓名展示在众人面前，使尊重个人的主体性以及尊重作为个人的他者的态度得以贯彻，并最终培养主体的自治意识。

把主导权让给年轻人

以往，村落运营的主导权是属于老年的男性。不仅年轻人，连中年人的意见也很少被反映在村落运营中。女性也是如此。而由老年人主导的村落运营难免过于保守。出于对这种保守性的厌恶，年轻人纷纷疏远村落运营。另一方面，和男性相比，在当地度过更多时间的女性对村落有着自己独特的感性认知，但她们的

第2章 自治：人口稀少地区的居民自治体系的创造

这种感性却被埋没了，很难在村落运营中得到发挥。

村落振兴协议会对年轻人和妇女来说都是开放式的舞台，尤其对年轻人寄予了很高的期望，希望他们成为村落运营的中流砥柱。不仅仅是智头町，人口稀少的地方进入超老龄化社会已经成为现实，很多村落在存活和灭亡的边缘徘徊。现在正需要作为继承人的年轻一代继续居住在村落中，进而站在考量村落未来的立场上采取行动。在村落振兴协议会中，大家力争从年轻人中选拔干部。另外，三个部会也尽量以年轻人为核心进行运作。整个村落都支持大量采纳年轻人的新思路，努力实现让年轻人进行项目的构想和计划。

传统规则与新规则

不可小看以往的村落运营方式（传统的规则）。传统的规则是经过了漫长的岁月形成的规则，具有相当的价值和有效性。首先，传统规则是村民们有生以来一直遵循的规则，已经深深地渗透在他们的体内，不可能让他们立刻扔掉旧传统规则遵循新规则。

"零分之一运动"准备在未来10年里兼顾传统方式和村落振兴协议会的作法，双管齐下。一下子转型到只有村落振兴协议会方式过于激进，反而可能导致其他方面无法跟上，最终无法产生任何变化，只会依然保持着以往的局面。因此，不如使两种方式并存，让村民们自己去作比较，这种方法更为明智。这就好比让村民们试穿两双草鞋，让他们自主选择更合脚的那双。

村落有公民馆、妇人会、青年团、老年人俱乐部等既有的组织和团体。村落振兴协议会目前与这些原有的团体保持并列平等的关系。但是，正如图2-2的结构图所示，它绝不是和以往的组织、团体没有任何关联，而是以一种宽松的形态包含着这些团体，支援它们的各种活动。人们期待着村落振兴协议会将来成为各组织的知识和精神上的领头羊。

能动地计划与实施

以往的村落运营中欠缺的根本性因素是进行具有能动性的构想和计划。村落通常是根据当时、当地发生的情况，只进行临场发挥，而从来没有想象过诸如10年以后的村落状况等情形。与之形成强烈对比的是，村落振兴协议会是个进行"构想"和"计划"的组织。一个得过且过的村落必然平淡无奇，波澜不惊。协议会对村落进行深入的分析，发掘被埋没的资源，制定计划加以充分的开发和灵活的利用。村落的资源不只是自然、传统和土特产。村落居民之间的人脉网络也是重要的资源——人财（人的资源）。挖掘值得动用这些资源去追求的梦想（主题），并以此为目标制定奋斗的计划，这就是协议会成立的目的。

能动地进行构想和计划，这与国内外之间的交流也很重要。首先，重新审视身边被埋没的资源。其次，为目前在城市居住的村落出身者（比如在城里就职的年轻人）以及和村落保持关系的人们提供地方信息。再次，抓住盂兰盆节、正月和庙会等时机，加深感情。从身边的交流开始，逐步扩展人际资源的网络。

以长远的目光看待区域经营

以长远的目光看待区域经营是很重要的。同样是经营，区域经营和企业经营是不同的。在企业经营中，必须支付工人的工资和股东的分红——因此，经济收益是必要条件。但是在区域经营中，经济收益只不过是评价标准之一。

如前文所述，在智头町参与"零分之一运动"的村落也尝试了各种各样的区域经营措施。但是，在收益方面微乎其微（这也和年数尚短有关）。能够有相当于运转资金的一部分的盈利就已经是很不错的成绩了。零收入的项目也不在少数。但是，从区域经营的视角来看地方资源，已产生了用金钱无法衡量的"附加价值"：老年人找回了活力，年轻人也对地方的活动兴致勃勃，女性的力量也得到了发挥，当地和外地之间展开了交流，等等，都是区域经营带来的。更值得一提的是，区域经营还会产生一种巨大的附加价值——对自己村落的自豪感。

相乘效果

"零分之一运动"开展的项目，如果由一个村落单独执行也不是不可能。但要打破村落的传统规则这一巨大障碍却不是一件容

第 2 章 自治：人口稀少地区的居民自治体系的创造

易的事。这时候，是否有志同道合的同伴（其他村落）大不一样。如果几个志同道合的村落联合起来，并能得到町政府的支持，对他们会是巨大的鼓舞和力量。

"零分之一运动"通常采取先由有意实施运动的村落表明意愿，然后由政府部门进行承认的步骤。也就是说，首先由几个村落站出来参与运动，然后通过政府部门的支持，就像小波浪汇成大波浪，各个村落的单薄力量被凝聚成更大的力量，反过来使每个村落活跃起来，这就是零分之一运动所期望的相乘作用。从村落方面看来，以汇流成大波浪为杠杆，通过它掀起了自己村落的波浪。另一方面，可以说"零分之一运动"认可"有干劲"的村落和"没有干劲"的村落之间的差别。有干劲的、有智慧的、愿意流汗付出劳动的村落能够得到相应的成果，而无动于衷的村落却得不到任何结果。当然，参加零分之一运动的机会对所有的村落是平等开放的。但平等的机会之下，结果却未必相同。

第四节 "零分之一运动"的实况调查

调查概要

前面我们论述了"零分之一运动"的理念和运营体制，以及其活动事例。那么，"零分之一运动"在参与该运动的村落村民和未参与的村落村民的心里有何不同的印象呢？另外，该运动对村民的居住意识和生活不安带来了哪些影响呢？为了掌握实际情况，笔者于2000年10月～11月对当时正在参与该运动的14个村落的全体村民实施了问卷调查。此次调查主要涉及对该运动的关心和参与的程度、该运动给村落带来的变化、该运动和传统集会及综事之间的关系等方面的问题。此外，为了和14个村落进行对照，还对未参与运动的75个村落的村民进行了随机抽样调查。

在参与"零分之一运动"的14个村落全体村民（19岁及以上的成年人2022名，10～18岁的少年儿童244名）中，回收问卷1340份，占全员的59%。而非参加村落的村民样本（20岁以上80

岁以下1000人）中，问卷回收率为57%。下面的统计结果是参加该项运动已有3至4年时间，即从首年度（1997年度）或次年度开始参与的9个村落的相关数据[9]。

"零分之一运动"的知名度

理所当然的，零分之一运动在参与的村落中的知名度都很高。知道自己的村落已参加该运动的人已占8成，回答自己也参加了该运动的人占到6成。另一方面，未参加该运动的村落中也有7成的村民回答知道该运动。由此可见，该运动在全町范围内已被广泛认知。就对传统的集会以及综事的关注度来说，参加村落中约有5成村民，非参加村落约有4成村民回答称对此关注。

村民的分类

使用多变量分析的方法，发现将参加"零分之一运动"的村落的村民可以进行以下的分类。

对村落运营普遍不关心的人（不关心派）

对村落运营普遍关心的人

对"零分之一运动"持积极态度者（积极派）

对"零分之一运动"持中立态度者（中间派）

对"零分之一运动"持批判态度者（批判派）

以上分类，首先是不考虑传统集会及综事与"零分之一运动"的区别，将村民分为对村落运营普遍不关心的人群和对其普遍关心的人群两大类型。其次，对村落运营普遍关心的人群，又可分为对零分之一运动持积极态度者、持批判态度者和中间派三个类型。积极派的典型的回答是（对选择题的回答）："我认为村民的80%～100%在参加该运动"、"即使政府部门不给补助金了，还是想把零分之一运动进行下去"、"零分之一运动在培养我们的领军人物"等。另一方面，批判派的典型的回答是："村民的50%以上反对该运动、持批评的态度"、"该运动的开展并未促进新老交替"等。

以上分类不只是对回答者个体进行了分类，同时有利于掌握每个村落的特征。即，在9个村落中也可分为积极派占多数的村

第2章 自治：人口稀少地区的居民自治体系的创造

落、中间派占多数的村落、批判派占多数的村落。至于为什么会出现此类有不同特征的差异，我们将在后面详细论述。

居住意识／生活不安

对待"零分之一运动"的态度与居住意识和生活不安也有着密切的关系。居住意识是指今后也想一直居住在当前居住地的意识，生活不安是指对将来生活感到不安的程度。有意思的是，不管是居住意识还是生活不安，只有积极派显示了乐观态度。即，上述的不关心派、批判派、中间派都处在几乎相同的水平上，而远低于积极派。比如，在居住意识上，对零分之一运动持积极态度的7成村民表示想要继续居住下去，而其他派均只停留在3～5成的水平。而在生活不安方面，积极派约有4成人回答称没有不安，而其他派却都在2成以下。

"零分之一运动"与集会、综事

引进"零分之一运动"，是为打破体现在集会、综事的传统村落运营模式的保守性、封闭性和权威者支配的现状。然而，这并不是在废除传统的村落运营模式后引进了零分之一运动。村落集会和综事现在仍然存在。那么，在作为分析对象的9个村落中，集会和综事到底占据什么样的位置呢？

根据前面提到的多变量分析法，就传统的村落集会组织和（零分之一运动的）村落振兴协议会的关系，积极派、批判派和中间派表达了各自不同的看法。积极派的人们认为集会组织和村落振兴协议会之间是对等的关系。而批判派的人们认为集会组织的地位在村落振兴协议会之上。中间派的观点则处于积极派和批判派的中间。

"零分之一运动"的影响

那么，前文所述的把集会、综事定位在"零分之一运动"的上位，和把"零分之一运动"与集会、综事摆在对等位置，这两种倾向有何区别呢？在这里应该牢记的是，"零分之一运动"绝非是空前引进的。村落中有着"集会决策、综事实施"的村落经营方式，它是经过长年的积累约定俗成的，在村民的意识中根深蒂固。

社区的集团动力学

所谓"一户一人",就是指每家每户有义务出一名代表(原则上是户主)参加集会和综事。如果不履行义务,就要交罚款或服劳役。另外,在"一户一人"的运营方式下,户主以外的村民不能参加集会的决策过程。年轻人和妇女的直接参加不会得到承认。

智头町的大部分村落依然由极少数权威者和资产家主导集会。这一习俗的产生,是由于从前众多村民倚仗大面积山林的所有者方可维持生计,并保留至今。在这种由权威者和资产家支撑的权力结构下,每年的村务负责人(村长)职位也由村民轮流担当,而不顾村民本人的意愿。村务负责人不得不放弃当年的农活,一手担当起全村的杂务。

"零分之一运动"是在长久以来根深蒂固的以权威者、资产家为主的村落运营的基础上导入的新的村落运营系统。而且它对以往的村落运营模式进行了颠覆性的改革,如:不再拘泥于以往的"一户一人"制,只要有干劲,任何人都可以以个人的资格参加;以往依赖权威者、资产家和政府部门的村落建设计划,如今由村中的村民自主实施。但是,要尝试对以往的村落运营模式进行根本性的变革,"零分之一运动"的道路就绝不会平坦。在大规模的村落中,有些村落尽管有推动运动的积极派带头人,却苦于大部分村民对运动的"漠不关心"。"有的人一点都不关心。我们该如何打动这些人?参加运动的人里也有人提出批评的。希望带头人想想办法。"这是某大型村落的村民在自由记述题中写下的回答。

此外,小规模的村落中,也存在着显著倾向于"将集会、综事定位在比零分之一运动更高地位"的村落。在"零分之一运动批判派"和"零分之一运动中间派"占多数的小型村落中,这样的倾向非常多见。在这些村落中,多年来根深蒂固的以集会、综事为核心的村落运营模式,将"零分之一运动"吞没了。也就是说,历来的村落运营方式不仅维持原样,没有因"零分之一运动"而发生改变,还反过来利用零分之一运动所获取的补助金,将零分之一运动当作一个噱头来利用。"因为有些带头人的做法太强硬了,搞得人和人之间的关系恶化,小小的村庄变得不和睦了,这

第2章 自治：人口稀少地区的居民自治体系的创造

样的村建运动没有意义。好的带头人应该听取大家的意见。我不喜欢那种太自我的做法。"这是某小型村落村民在自由记述题中的回答。然而，在有些村落，在"零分之一村动"的推动下，以集会、综事为主的传统村落运营方式在产生着戏剧性的巨大变化。这种村落的特征是，"零分之一运动积极派"的人数众多，同时显著地倾向于认为"零分之一运动"和"集会、综事"的地位是平等的。这些村落既有大规模的村落，也有小规模的村落。"（不再拘泥于每户出一名代表，）不管男女老少，谁都可以参加，这点非常好。"这是村民对运动的评价。"我们将自己迈出步伐，以自己的智慧和汗水，同心协力打造出村落引以为豪的宝物，并为此设立本协议会"的目标也正在稳步实现。此外，调查还反映："领导人都是30～40岁之间，会让人感觉更敢说出自己的心里话了。"新的年轻带头人也在茁壮成长中。考虑到传统的村落经营方式长久以来根深蒂固，"把集会、综事和零分之一运动放在对等的地位上"着实令人惊讶。以集会、综事为中心的传统的村落经营方式是村民们祖祖辈辈流传下来的。即便有小小的不满，也一直理所当然地遵从着。正因如此，如今竟然出现了能够取而代之的新的村落运营方式，这对多数村民来说是一件不可思议的事情。

培育活力萌芽

有的村落以"集会、综事和零分之一运动地位相当"的积极派居多，有的村落则以批判派或中间派居多，造成这种分歧的原因何在呢？笔者采访了各村落的核心人物，听取了村落参加"零分之一运动"之前的状态、参加的经过、参加后的情况。结果如下：在积极派的村落（波多、五月田、市濑），从参加运动以前就存在着渴望为自己的村子尽一份力，而开展一些活动的团体。这些团体主要由几名团块世代[①]的成员组成，包括第3节中介绍的"八兴会"（波多）、"五月会"（五月田）、"一日会"（市濑）等。

[①] 二战结束后的最初几年日本出现了第一次生育高峰，这个时期出生的人口因日本作家堺屋太一的同名小说而被称为"团块世代"。——译者注

社区的集团动力学

并且，这些团体的目标与旨在打破封闭性和保守性的"零分之一运动"的理念相接近。可见，这些村落在参加零分之一运动之前就存在着村落改革的萌芽。但是，假如没有"零分之一运动"，这些苗芽能不能顺利成长，成功改革呢？当然，对历史的假设我们无法断言。遗憾的是，团块世代不是村落运营和决策的核心角色。村落运营的核心在于更年长者，决策权在权威者和富有者手中。即便存在以这些团体为形式的萌芽，这种村落体制下也很难允许它们自力更生地成长起来。

参加了"零分之一运动"，即使不是同一个村落，只要有共同的目标，共同的理念，就可以与其他村落齐头并进，解脱在自己的村落中孤军奋战的局面。其次，参加零分之一运动也更容易得到村落内部的人们的协助。此外，运动还可以得到地方政府的支持。因此，原本或许会被摧毁的苗芽，如今有可能会长成一棵大树。相反，全国的人口过稀的地区中，恐怕有不少人有感于村落面临的问题，希望改变局面。换句话说，渴望地方改革的萌芽也许到处都有。可是，这样的萌芽幼小而脆弱，在依然如故的村落体制下很容易被吞没和摧毁。"何必干这种多余事……""又不是多大的烦恼，怎么还干这么孩子气的事……""让政府来干不就行了？"改革的萌芽不知不觉地就被这些"大人的常识"所腐蚀，湮没于明哲保身的处世哲学之中。

"零分之一运动"围绕区域的活力建设，既不是魔术，也不是特效药，而是一个支持和培养为地方变革而崛起的小团体规范的企划。没有苗也不会长成大树，有了苗成长也非易事。"零分之一运动"就是培养这种地方活力的幼苗，并促使其成长的系统。零分之一运动的积极派居多的村落，就是一个活生生的案例。

"零分之一运动"从开始到现在才9年。即便是最早参加活动的7个村落也不过10年，还处在运动的成长期，要最终盖棺定论，还需要关注今后的发展。但正如前文所述，在大多数村民积极参加"零分之一活动"，村落振兴协议会逐步取得与传统的村落运营方式比肩地位的村落中，村民对生活的不安降低，继续在本村生

第2章　自治：人口稀少地区的居民自治体系的创造

活下去的意愿也很强烈。此外，根据上述调查，在大人们积极参加零分之一运动的村落，孩子们也对村落更感兴趣。最近一两年来，从各个地方赶来考察、希望能对自身区域的活力建设有所借鉴的团体也络绎不绝。对"零分之一运动"这些宝贵的尝试，我们并不是作为单纯的成功故事来进行接受的，而是希望将成功事例和失败事例都包含在内，梳理其脉络，分析其原因，并将这些讯息传播出去。这也是我们研究者应当与当事者共同尽到的责任。

第五节　基于规范理论的考察——赠与和攫取的连锁

这是一场20年前仅由两个人开始的活力建设运动。尽管只是两个人，却不是孤身一人。俩人相遇后的一周内，对智头的过去、现状和未来进行了深入的讨论。在讨论当中，俩人达成了对本地区由极少数权威者控制、停滞不前的现状感到危机的共识。只有自己挺身而出了。俩人的身体之间形成间身体的连锁，其规模虽小，却构建了革新的规范。此后，俩人每天晚上都不知疲倦地在电话中交谈。

最初的5年是"物的创造"——木制手工艺品、智头杉之家、杉木村——这正是俩人（以此俩人为作用圈的第三身体）向依然如故的政府和居民发起的"赠与和攫取"的尝试。他们冲破周围嘲弄的视线，抵抗赤裸裸的压力，勇敢地开展了这些活动。他们别无所求，把自己的血汗结晶摆在几乎抛弃了他们的居民们的面前。幸运的是，木工艺制作被智头木创舍的成员"攫取"，智头杉之家被木材加工业者工会"攫取"，杉木村被当地村落居民"攫取"，结成了"智头町活力建设项目团队（CCPT）"。后续的5年是"人的创造"（培养人才）时期。城市的研究人员和地方建设的专家（的身体）被"赠与"给CCPT的成员以及当地居民。外国人和外国文化（这一含义系统）也被"赠与"、被CCPT成员和海外派遣项目的有关人员"攫取"。然而，在智头的全体居民看来，进入革新规范（指示该规范的第三身体）的作用圈的身体只不过是

社区的集团动力学

极小部分。地方政府（町公所）也处在作用圈之外。在俩人的奋斗下10年过去了。以俩人为首的CCPT成员为了总结过去、明确未来的发展战略展开了激烈的讨论。讨论的结果最终归结在——"必须改变当地政府（町公所）"。

"零分之一运动"既是村落活力建设的运动，同时也是针对政府的改革运动。培育居民自治的村落与以往的政府作风之间产生了紧张的关系。改变村落，改变政府——这就是运动的目标。起初，当地政府和议会都显示出强烈的反抗姿态。即使口头赞同，行动上却迟迟不决，实际上，对于自己的既得权益被居民自治夺取非常不情愿。然而，在10年的实业建设、人才建设的过程中，革新性规范已经涉及到了一部分政府官员。他们在改革的规范与传统的行政规范之间纠结。这些纠结中的政府官员被俩人"赠与"了"零分之一运动"的计划——就像撬开了一道门缝，（支持）运动计划（的规范）侵入到政府之中。政府贯通各个村落的渠道（关系），而俩人利用这种渠道把创造的革新性规范输入到了各个村落。这样一来，从两位领军人物出发，经由政府，遍布村落，形成了增长的"赠与和攫取的连锁"。通过这一连锁参加"零分之一运动"的村落，被包含在以两位领导人为中心形成的革新性规范的作用圈之中。对于从"零分之一运动"开始以前就在暗中摸索村落的未来的小团体而言，渗透到村落中的革新性规范成了它们的强力驱动能源。

正如我们在第1章中已经解释过的，"赠与和攫取"区别于交换。赠与方如同"丢弃"一般地产生赠与，同时攫取方毫无谢意地"攫取"，此时形成了"赠与和攫取"。结果，攫取方被包含在赠与方的规范的作用圈之中。然而，攫取方对赠与方毫无感谢之意。这种"赠与和攫取"的特征在连锁增长的情况下得以显著体现。实际上，即使是在参加"零分之一运动"的村落，也鲜有人知这一宏大运动是两位带头人挺身而出的产物，因而对两位也没什么感谢之意。然而，参加"零分之一运动"村落里的人们的行动，都遵从着"打破保守性、封闭性、地方权威政治，思考自己

第2章　自治：人口稀少地区的居民自治体系的创造

地方的问题，然后采取行动"的规范——也就是以两位带头人为中心开展10年以上的活力建设运动形成的规范。规范的起源，根本没必要知道。这种"没有必要知道"，也正是"零分之一运动"的厉害之处。

● 第2章引用文献 ●

（1）"零分之一"一词由冈田宪夫（京都大学防灾研究所教授）设计。

（2）经济审议会地域部会，《日本経済の地域的変化》（二），经济审议会，1996年。

（3）国土厅编，《過疎対策の現状》，丸井工文社，1985年、1993年、1999年。

（4）冈田宪夫、杉万俊夫，《過疎地域の活性化に関する研究パースペクティブとその分析アプローチ：コミュニティ計画学へむけて》，土木学会論文集，五六二号，15-25页，1997年。

（5）安达生恒，《むらと人間崩壊》，三一书房，1973年。

"零分之一运动"及其前史详情请参照以下文献。

（6）日本・地域と科学の出会い館（編），ひまわりシステムのまちづくり：進化する社会システム，はる書房，1997年。

（7）冈田宪夫、杉万俊夫、平塚伸治、河原利和，地域からの挑戦：鳥取県・智頭町の「くに」おこし，岩波ブックレット，2000年。

（8）杉万俊夫（編著），フィールドワーク人間科学：よみがえるコミュニティ（第二章），ミネルヴァ書房，2000年。

调查详细结果请参照：

（9）河原利和、杉万俊夫，《過疎地域における住民自治システムの創造：鳥取県智頭町「ゼロ分のイチ村おこし運動」に関する住民意識調査》，《実験社会心理学研究》（日本グループ・ダイナミックス学会会刊），四二巻二号，101-119页，2003年。

第3章　医疗：以居民为主体的地方医疗

杉万俊夫

本章将介绍以"居民主体的地域医疗"为中心开展区域性活力建设的实例。从概念上，居民主体的医疗有别于重视患者的医疗。重视患者的医疗活动的主体，是医院经营者、在医疗现场的医生和护士等的医疗工作人员。在这里自然地划出了一分为二的结构：一方是提供医疗服务的医院和医疗工作人员，另一方是享受医疗服务的患者。在这种结构划分清晰的前提下，重视患者的权利和需求，提供医疗服务，就是重视患者的医疗的目标。那么，什么叫做居民主体的医疗呢？也许对于众多读者来说，"居民主体的医疗"一词很难理解。其实，本章所介绍的活动中，第一道难关就是"居民主体的医疗"一词含义不明确。两名医生抱着实现"居民主体的医疗"这一共同愿望，连同笔者三人，无数遍地对居民们解释，也没能够得到居民们的理解。而且，当时的医生和笔者对于"居民主体的医疗"也未必有一个完全清晰的概念。

居民们挺身而出，和医疗工作人员一起，共同设立并经营地方医疗的核心——医疗站，这就是居民主体的医疗。后文中我们将讲述到，在本章中出场的两名医生和笔者得知了这样一段历史：二战刚刚结束时，在京都市的西阵，贫困的居民作为主体开设了医疗站，并与对此举产生共鸣的医疗工作人员一道，共同经营医疗事业。尽管现在早已经不是战后那样贫困的时期了，但我们相信有这样的可能，即通过居民主体的医疗活动，恢复逐渐消失的区域内的纽带，并成为区域活力建设的轴心。

契机

两名医生注意到了《京都新闻》（2001年2月23日）上刊载的一则新闻。新闻对位于京都市北部的京都市立小野乡小学五、六

第3章　医疗：以居民为主体的地方医疗

年级的七名学生组织的综合学习活动"创造小野乡的明天"进行了报道。六年级的学生入学时，在校学生尚有37名，如今减半至17名，学校面临着倒闭的危机。学生们挨家挨户拜访了学校区内的150户，就小野乡的过去、现在和将来进行了访谈。在学习发表会上，他们表达了对家乡的热爱，提出了地域活力建设的建议。在报告的最后，他们用"这不是结束，这仅仅是开始"作了总结。

在综合学习活动的前一年，由于多年来在小野乡进行医疗活动的医生的去世，小野乡成了无医地区。从小野乡到京都市的街道医院需要经过车程30分钟的山路。需要急诊的患者只能利用直升机运往市内医院。虽然不至于无法享受医疗服务，但是在小野乡，人们还是无法忘记熟知本地居民的生活及患者家属的医生在世时的日子。"希望再有医生过来。"——这就是孩子们的心愿。孩子们的心声打动两名医生并不是偶然。两名医生直接或间接地参与了运动。此外，笔者（杉万）偶遇该活动的核心人物之一、医生早川一光（1995年），在对本次活动的过程进行信息采集的同时，立足于社会科学的立场参与了京都府美山町的居民参加的医疗创造活动[1]。

第一节　发源地——西阵

这场运动发生在二战刚刚结束的京都市西阵。由于极度的贫困而有病无医的居民们站了起来，与对这种状况深有同感的医生联手合作，筹集出仅有的资金，在西阵纺织厂的一角开设了一家小小的医疗站（照片3-1）。医疗站所用的床、桌子、出诊用的医药箱、自行车，全部由居民提供。

医疗站在居民的资助下渐渐扩大，发展成了综合医院。有一位医生回顾当时："居民们竭尽全力地借钱给我们，所以我们也竭尽全力地回报他们。"医院在居民代表和医疗工作人员对等的立场上得以经营。更加准确地说，最高部门——理事会的成员中居民代表和医疗代表的人数是8∶7，贯彻了居民优先的理念。

社区的集团动力学

　　医疗工作人员彻底地融入居民生活中展开了医疗活动。有的居民即使患病也没钱入院治疗，而且如果住院治疗就没有收入。医疗人员深入到这类居民之中，看病、治疗。不仅医生和护士在努力，行政人员也对如何利用医疗补助制度作出了指导。在"自己的健康，由自己保护"的口号下，医院工作人员和居民同心协力，成立了"高血压教室"、"杜绝癌症会"、"糖尿病患者会""走半步也好会（以脑血栓患者能够活动为目标，哪怕只是走半步也好）"等各种各样的患者会、家庭会。此外，即便是在出诊保险积分[①]显著降低的1960—1970年，为了不辜负居民的期望，也没有中断过出诊。以往每次出诊都会碰面的老奶奶最近不见人影。其实老奶奶被困在别的房间中，连排泄都无法自理。由于坚持出诊，医生早早察觉到了日趋严重的老龄化问题。20世纪70年代，西阵正式开始了老龄化医疗，比全国提早了约10年。

　　让我们把话题从西阵回到小野乡。两名医师的其中一名，永原宏道医生，一直在祖父开办的西阵的诊所工作。他虽然没有直接参加西阵的运动，但作为支持者的一员，一直关注着运动。2000年，迎来花甲之年的他开始想要挑战与以往不同的事情。另一名医生根津幸彦，他对和居民携手共进的西阵诊所的理念产生共鸣，1991年把工作转到西阵诊所。阪神·淡路大地震（1995年）时，他作为医疗人员参加了救援工作。此外，因西阵是一个保留着古老传统的区域，此时已经进入了老龄社会。2000年，公共护理保险制度开始实行。不是被动接受护理保险，而应为医者与居民结成同伴共同探讨问题，西阵地方"公共护理研讨会"由此诞生。以前就参加西阵的运动、如今已成老年人的居民们也参加进来了。于是，该团体的名称从"公共护理研讨会"改为"杜绝孤

---

　　① 保险积分：在日本，居民进行保险适用的诊疗时会获得与医疗行为相应的报酬，其具体金额就由保险积分表示，一个积分代表10日元。因此保险积分越高，越能鼓励患者就诊；反之保险积分越低，则越打击患者就诊。下文"医疗积分"同。——译者注

第3章　医疗：以居民为主体的地方医疗

独死",再到"与京都共生",持续至今。

然而,在居民的努力下创建起来的西阵诊所,自1990年起突然变成了"普通的医院",并强调医院经营的合理化,使从战后便与居民携手并肩的医生和行政人员失去了原有的地位;曾经是运动的中流砥柱的居民们也变成了老年人,运动失去了以往的活力。根津医生也辞去了医院的工作。2001年,正逢永原医生的医疗站招聘医生,二人成为了同一家诊所的医生。此时,小野乡孩子们的声音传入他们的耳畔。

当然,现在的西阵与战后的西阵不同。至少在经济上,物质的丰富已远非昔日可比。但是,以往的西阵居民与医疗人员共同创建的"我们自己的医疗站",不正是实现小野乡人梦寐以求的地方医疗的途径吗?回顾过去,战后的西阵运动是以贫困为契机展开的。而现在,小野乡的居民们面临的是人口稀少化问题。连学校也面临着关闭的危机。在这种状况下,两名医生与笔者共同描绘了小野乡发展蓝图:以人口稀少化为契机开展"居民为主体,区域医疗为中心的区域性活力建设",而"我们自己的医疗站"将是这场运动的突破口。

第二节　以创建居民为主体的医疗站为目标

小野乡

小野乡虽为人口稀少地区,但历来属于京都市北区(图3-2),位于京都市北区的最偏僻处,邻接北桑田郡京北町(2005年4月与京都市合并)。它地处北山的深山中,也是有名的北山杉的产地(照片3-2)。虽然通有从京都市中心穿越日本海的国道162号线(周山街道、鲭街道),但市营的公交在20多年前就停止了运行。交通全靠难行的山路,抄近路到市中心驱车也需要半个钟头。到位于京都市中心的高中上学,光公交车的年票费用也要两万六千日元。

小野乡面临着人口稀少的危机。总人口从1960年的875人,

社区的集团动力学

下降到了现在（2004年）的385人。老龄化率也达到了34%。正如本章开头提到的，小学的在校学生数也从1974年的69名减少到1987年的37名和目前（2004年）的8人，其中2003年度的入学人数首度为零。如果放任不管，未来4年内零入学的状态必然会持续下去。

在西日本的山间地带，还根深蒂固地保留着以山林所有者为中心的传统地方运营结构。小野乡也不例外。林业是长期经营的产业，培育出一棵树需要数十年的时间和大量人手。以山林业维持生计的人们世世代代与山林所有者保持着相互依赖的关系。这种依赖关系成为区域运作的结构保留至今。

以"居民主体的医疗站"为目标

"想不想建设我们自己的医疗站？雇用我们做医生吧！"围绕这个提案的内容、向谁提出以及怎样提出，笔者与两名医生一次又一次地开会讨论。从彼此熟谙的居民口中，我们听到了如下意见："我们是需要医疗站，可是不想卷入莫名其妙的麻烦。所以不要说那么多复杂的事了，尽快正常地开办就是了。""外地人不能随随便便进来，要跟地方上打招呼的。首先要问一下自治会。"这时，我们得知当地有个名为"小野乡明天思考会"的组织，是一个由10名约45岁以上60岁以下、即所谓团块世代的本地男子组成的团体。他们对人口稀少、发展停滞的现状深感危机，开始摸索解决方法。然而，虽然他们是本地人，但团块世代在传统的区域运营结构之中也处于边缘地位，所以该组织并不为普通居民和自治会所熟知。

我们与"小野乡明天思考会"的成员进行了多次会议。思考会的成员们渐渐开始理解"以医疗为中心的区域活力建设"这一概念；我们也通过"思考会"的成员了解到了许多关于小野乡的情况，比如，小野乡居民的生活状况及其变化、生活中的烦恼等等。会议每晚7点开始，尽管次日还要上班，仍每次都继续到10点左右。

两名医生与笔者确定了运动需要双管齐下的方针，即：通过

第3章　医疗：以居民为主体的地方医疗

自治会这一正式途径，同时加深与"思考会"的讨论。具体地说，首先与"思考会"进行讨论，制订基础方案；将基础方案提交给自治会，咨询意见；结合自治会的意见，再次与"思考会"开展讨论。如此反复之中，自治会、思考会、两名医生和笔者都逐渐形成了"居民主体的医疗站"的明确概念。"本来不太明白，原来几位老师是把自己的想法赌在我们小野乡居民身上了啊。"自治会席上，突然有人冒出了这样的发言。其他干部也纷纷点头。

通过与自治会的协商，作出了以下三点决策：

1.作为"居民主体的医疗站"的准备阶段，以永原医生个人经营的方式每周进行一天的诊疗活动。由永原医生负责对居民详细报告诊所的收支等运营情况。居民根据医疗站的运营情况判断今后的经营是否可行，同时学习医疗站的经营方法，加深印象。

2.居民把本地区的公民馆——岩护落叶神社的氏子会馆提供给永原医生作为医疗站的场地。

3.将上述1.中提到的医疗站的决策和学习机构专门委员会设置为自治会的下属机构。专门委员会是医疗站的雏形、运营的母体。专门委员会的会员采取公开招聘的方式，任何有意愿的人都可以参加。

2001年11月起，居民们对"居民主体的医疗站"的呼声高涨。两名医生和笔者担任讲师，开设了讲座，同时实施了"呼呼型问卷调查"。调查对小学四年级以上的居民深入浅出地作了"居民主体的医疗站"的说明，征求了居民们的意见。问卷浓缩了此前与自治会、思考会讨论的内容。以下是问卷的主要部分，考虑到老年人比较多，我们用大号字印刷了问卷。

关于小野乡医疗的问卷

现在，小野乡正在开始新的医疗。

去年2月23日，京都新闻传递了小野乡孩子们的心声："我们的家乡没有医疗站了。希望能来个医生。"孩子们的声音打动了两名医生——永原宏道医生和根津幸彦医生。他们决定要在小野乡开始医疗活动。两位医生在京都市千本今出川经营着永原诊疗会千本医疗站，每天重视出诊，继续着贴近患者生活的医疗活动。

两名医生怀着对小野乡的亲切感，正在小野乡展开医疗活动。但是，他们并不是自己开业（开设和经营医院），而是针对小野乡的医疗，提出方案。那就是："创建以居民为主体的医疗"和"以医疗为中心的区域活力建设"。他们提出："如果能够开展活动，开设以居民为主体的医疗站，并确保有理解这项活动的医生，我们作为医生，也一定会全力以赴助你们一臂之力。"

我们关注着小野乡

我们对现在正在小野乡展开的"创建居民主体的医疗"和"以医疗为中心的区域活力建设"的活动表示强烈的关注。这是因为，"通过居民合作自主开设医疗站，并在医生的理解和协助下运营"这一挑战，即使在全国也是非常少见的宝贵的尝试。这次尝试，也是一场以医疗为中心的、小野乡区域活力建设的活动。对这样一场珍贵的活动，我们非常希望亲自参加，并对此开展研究。还请各位给予理解和支持。

（中略）

下面的问题是询问有关您对以居民为主体创建的医疗站的看法。

创建以居民为主体的医疗站，不可能从一开始就拥有昂贵的医疗设备。但是，如果从只有桌子、椅子、病床等设备的小诊所开始是完全可能的。那样，小野乡居民均可以参与。

医生每周入驻诊所二至三天，比如，上午门诊，下午出诊，还可以进行夜间急诊（到晚上八点为止）。如果有本诊所不能处理的病情，由医生将患者转送到值得信赖的大医院进行治疗。当然，患者被转送到了大医院以后，诊所的医生仍会在紧急情况下进行联系，了解患者的状况，必要时提供相关的信息等。患者从大医院出院后，将再次接受医疗站医生的诊疗。也许有人会说："如果是这种半吊子的医疗站，我们不需要。一开始就去大医院不就好了？"但真的是这样吗？大家所需要的，不正是经常拜访小野乡，熟知小野乡的山山水水和居民们的生活，对每个居民的身体状况

第3章 医疗：以居民为主体的地方医疗

了如指掌的医生——"地方家庭医生"吗？让我们想象一下，即便再出现一个像C医生（2000年去世的小野乡的医生）的开业医生，他也不可能永久地持续进行医疗活动。既然这样，我们就不再把一切都托付给开医疗站的医生，而是"创建（开设）以居民为主体的医疗站，聘请有志的医生"，这不是一个很有效的方法吗？

目前似乎还没有这种以居民为主体建立医疗站，确保当地有"地方家庭医生"实践的先例，但我们就不能在小野乡创造这种全新的、居民主体的医疗活动吗？

（中略）

问题9 您对这种医疗站的构思有何见解？（赞同/略有疑惑但基本赞同/有疑问/反对）

问题10 如果开设了这样的医疗站，您会不会去就诊？（当然会/也许会/不会）

目前，永原、根津两名医生获得小野乡提供的氏子会馆，预定在今年内，以医疗法人永原诊疗会千本医疗站分所的形式开设医疗站，开始医诊活动。今后一年内，将为开设居民主体医疗站开展准备活动。在准备期间务必请各位居民给予支持和帮助。

问题11 您是否愿意参加准备工作？无论多么微小的事情，我们都期待您的帮助。（一定参加/可能的话参加/不参加）

以下是关于目前在氏子会馆实行的诊疗活动的问题。比如，目前制订的分所医疗活动计划是一周两次门诊（包括夜间门诊），每周一次的出诊。

问题12 您会不会去就诊？（肯定会/也许会/不会）

（本调查于2002年11月19至24日由京都大学杉万研究室实施）

发放的352份问卷中回收了300份（回收率85%）。调查首先达到了让多数居民阅读本问卷的目的。其次，八成以上的回答者对当地的无医状态感到不便和不安。五成以上的回答者称生病不去医院硬撑的情况增多。

对于问卷中提出的创建"居民主体的医疗站"，赞同的占

50%，略有疑惑但基本赞同的占42%，即从九成以上的回答者中得到了积极的回答（问题9）。如果建成了这样的医疗站，肯定会前往就诊的占56%，可能会就诊的占34%（问题10）。对于创建医疗站的准备工作，表示肯定参加的占28%，也许会参加占46%（问题11）。对于即将实施的诊疗活动，回答是肯定会就诊的占46%，也许会就诊的占38%，体现出了居民对诊疗活动的热切期待（问12）。至此（问卷调查）为止的一连串活动，《京都新闻》于2003年1月14日进行了报道。

首先启动医疗站

永原医生的医疗站的准备工作开始了。居民们对医疗站究竟有多大的需求（就诊人数），需要多少费用和人工，医疗站的经营需要些什么样的操作等等，这些都只能在实际的诊疗活动中进行了解。总而言之，作为创建"居民主体的医疗站"的前期工作，开始了每周一次的诊疗活动。医疗站的准备工作在居民的大力支持下顺利开展。居民提供了氏子公馆作为诊疗场地（照片3-3、3-4），以前用来做仓库的房间被装修成医疗站（卷头彩图3），全部费用由居民承担。

2003年2月5日，永原医生的以个体开业（永原诊疗会小野乡医疗站）的形式正式开始了诊疗活动。虽然只是每周一次的诊疗活动，但对于三年没有地方医生的小野乡民众来说，医疗站再次点燃了地方医疗的希望。

为了减少初期的投资，设备和人员编制都被压缩到最低限度。诊疗室仅有一张病床、一桌、一椅、一台心电图仪、一台血压器，这些还是通过熟人转让或廉价购置的。在工作人员方面，仅有永原医生、护士、护士助理、司机兼前台共4人。由于诊所采取像普通医院一样在诊疗后立刻向患者收取医疗费的做法，需要计算医疗积分的工作人员及电脑。为了节省办公费用，诊所对医疗费结算采取了委托处理的方式，对小野乡的就诊者实行按月结算的方法。另外，为了减少库存负担，药剂从永原医生经营的医疗站购置，用多少买多少。就这样，每周1次（周三晚）的诊疗活

第3章 医疗：以居民为主体的地方医疗

动开始了。平均每次就诊14人次，每月平均盈余5万多日元，但不包括医生工资；如果给医生支付最低限度的工资，就会产生赤字。

在医疗站启动的同时，为了进行有关医疗站的学习而设立、日后成为医疗站运营母体的专门委员会也进行了公开招募。在公开招募前，委员会举办了说明会，对居民反复讲述"居民主体的医疗站"的理念（此前的呼吁型调查问卷中也进行了说明），由于在医疗站的运营上所有人都是外行，因此鼓励大家一起从头学习。同时，还强调了专门委员会随时可以加入、退出的"出入自由"的组织性质。有26名居民参加了专门委员会，约占小野乡总人口的10%。

2003年5月13日，专门委员会召开了第一次会议，就截至4月的收支情况作了浅显易懂的说明，与会的居民也积极提问互动。7月2日召开的第二次会议决定通过了专门委员会的正式名称——"小野乡医疗专门委员会"，并选出6名负责人作为代表。这6名代表中有5名是原"小野乡明天思考会"成员。究其原因，一部分是由于"小野乡医疗专门委员会"是自治会的下属组织，自治会方面认为其工作人员尽量不担任负责人为好，但这同时也是出于详细了解活动的来龙去脉的人士更合适担任负责人的考虑，是对"小野乡明天思考会"取得的成绩的肯定。6名负责人召开了代表委员会，就今后的发展方针进行了讨论。为了贯彻"进出自由"的组织精神，决定长期招募专门委员。具体方法是通过定期发行会报，在宣传专门委员会的活动的同时招募新的委员。另外，还必须增加前来医疗站就诊的人数。因此他们有了新的想法：除会报外，另行制作宣传刊物，计划发行到与小野乡相邻的地方宣传医疗站。

9月1日，委员会发行了会报的创刊号，接着又发行了宣传刊物。这些宣传活动效果显著，前来医疗站就诊的患者切实增加了。专门委员会的会议上参加者的发言也一次比一次踊跃。当年冬季，专门委员会的宣传部主动发布了接种流感疫苗的通知。2004年6月，在专门委员会的强烈要求下，诊疗日从原来的每周一次增加到了一周2次（周二和周三）。

第三节 以医疗为中心的区域活力建设

小野乡的"居民主体的医疗站"才刚刚开始。现在的医疗活动只不过是正式设立"居民主体运营的医疗站"的初期阶段。如果比喻为职业棒球赛，这只是正式比赛前的热身赛。究竟何时开幕，对笔者来说也是个未知数。如果连医生的最低限度的工资也发不出的话，那么医疗站的"经营"也就无从谈起。但是毫无疑问，最初概念模糊的"居民主体的医疗站"开始得到了居民们的理解，并向最终的实现迈出步伐。回顾历史，其实早在50年前，西阵的居民们就充分理解了什么是"居民主体的医疗站"。他们的这种切实的理解体现在了当时为了创建大家自己的医疗站而与医生组成的同盟、流下的汗水和从微薄的财产之中筹出的捐资上。

现在的日本社会已脱离了贫困，实现了经济上的富裕，而"居民主体的医疗站"却随之变成了含义不明的语言。现在的医疗机构的形式只包括：由个体营业者或民间医疗机构开设并经营（民设民营），由政府开设并经营（公设公营），由政府开设、民间医生经营（公设民营）。战后的西阵居民创始的"居民设置、居民经营"的说法已经作废。战后与西阵居民联手创建了"以居民为主体，为居民服务的居民医疗站"的早川一广医生对现在的医疗情况做了如下总结："虽然医疗实现了社会化，却还没有实现民主化。"医疗的社会化是指，任何人在任何时候都可以享受医疗服务。另一方面，医疗的民主化则是指，医疗服务的提供方和接受方的上下关系转变为对等关系。随着经济发展，医疗保险制度推进了医疗的社会化。然而，在医疗服务的社会化过程中，医疗服务的提供方与接受方的不平等关系也就必然随之呈现。

由居民来设立和经营医疗站，是实现医疗民主化的一个途径。这是因为，居民主体的医疗站意味着以往只是一味接受医疗服务的居民也可参与医疗服务提供方的决策过程中来。医疗的民主化并非只针对医疗的民主化，也是地方体制民主化的重要组成

第3章 医疗：以居民为主体的地方医疗

部分。居民们对地方的现在和未来进行思考，并积极地参与其中。这正是地方活力建设。小野乡的案例告诉我们，医疗体制的改革也可以成为地方活力建设的一条主线。

第四节 基于运动理论的考察

下面，我们基于运动理论，对小野乡的居民主体的地方医疗加以分析（图3-3）。

三年前去世的开业医生健在时，小野乡的医疗活动（图3-3的右下角的图）与第1章的图1-5所示的一般性构造相同。正如第1章所述，这种医疗活动的各顶点中潜在着使用价值（为患者治疗）和交换价值（市场经济下通过货币换算、交换的作为服务的医疗）的矛盾（第一种矛盾）。

这个矛盾，是通过开设诊所的医生的死亡、诊所的关闭，以及提出了居民无法理解的理想——居民主体的地方医疗——的两名医生（以及与两名医生共同行动的笔者）的出现，形成双重约束，显现在居民们面前的。两名医生明确表示，无意自己开设、经营诊所，如果能够开设、经营居民主体的医疗站，他们可以作为"雇用医生"全面协助进行诊疗活动。但两名医生无论解释多少遍，居民们也不解其意。但志在为小野乡带来新医疗、两位医生作为医疗"主体"的出现，与以往医疗活动的"分工"——医疗服务的提供方和接受方的明确划分——产生了矛盾（第二种矛盾）。这种矛盾以"我们需要医生，可是不明白医生的话，如何是好"的双重约束的方式显在化。另一方面，两名医生（和笔者）也处于无计可施的状态。无论如何解释也无法向居民转达自己的意思。但是，小野乡确实需要医疗。如果只是单纯地提供医疗也许是很简单的事情，但绝不能放弃理想。幸运的是，两名医生（及笔者）与"小野乡明天思考会"相遇了。现在回想，这次相遇就是"跳板"。虽然"思考会"的成员都是所谓团块世代的人，但是在这个由长老把持权力的地方，他们还不能成为当地的核心人物。但是,他们从几年前就对人口日渐稀少的小野乡感到了危机,开始摸索打破这种局面的对策。我们对"思考会"的成员反复地说明现在的情况:"在全国性的人口稀少化与老龄化问题中,我们不能只关注人口和老龄化率。最主要的是,居民应该摆脱被动的状态,掌握能动性。小野乡有很多领域可以让居民们发挥能动性。我们首先应该从中选出一个作为主线。居民主体的医疗,换句话说就是以医疗为核心的区域活力运动。"

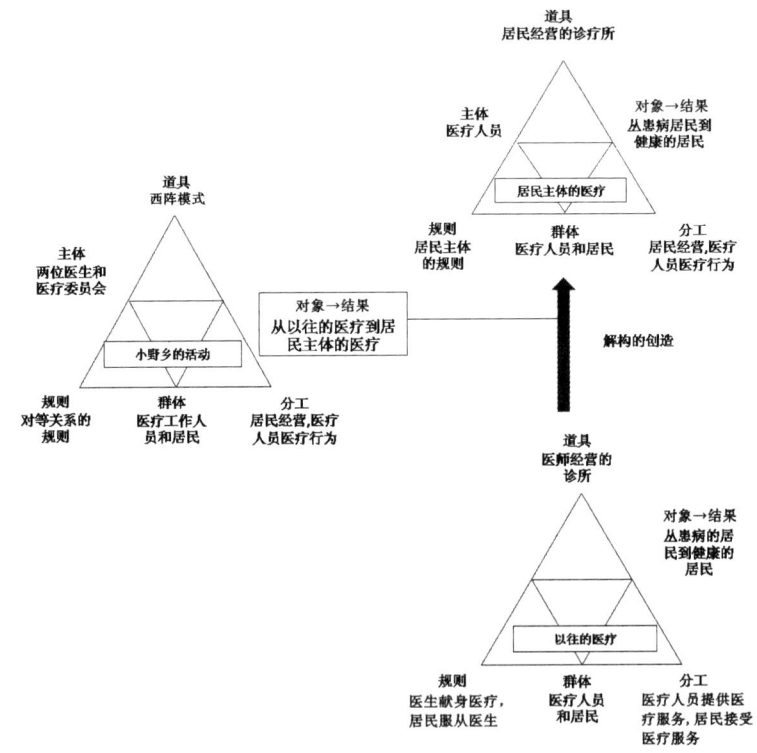

图3-3 学习活动的事例:小野乡的尝试

"思考会"的成员终于理解了我们的想法。两名医生和"思考会"的成员之间形成了意识上的统一,决定联手发动掌握着区决策权的核心成员。"思考会"与医生结成的这个同盟,正是后来的

第3章 医疗：以居民为主体的地方医疗

医疗主体——由居民代表"小野乡医疗专门委员会"和医生双方构成的主体——的雏形，也是第1章中提到的"微观世界"。此后，由于得到掌握地区决策权的自治会的赞同，"小野乡医疗专门委员会"公开招募，开始展开活动（图3-3左图）。

如前所述，小野乡居民主体的医疗的创建还在刚刚起步阶段。永原医生开设了诊所，开始了暂定目标为期一年的医疗活动——不实际开展医疗活动，就不可能掌握居民对医疗站的需求，以及医疗站的运行所需的人力、物力成本。尝试性的医疗活动开展至2005年5月，已经过了约两年的时间。目前这个暂定的试行阶段，今后何时将会转变成正式的居民主体的医疗，笔者也无从知晓。但是，尽管未能达成当初设立的"暂定一年"的目标，也不该加以指责。无论如何，正因为当初有这"暂定为期一年"的目标，才有了最初的起步。一旦起步，才切身体会到其中的艰辛。居民们也从看似天方夜谭的理想获得了现实的目的。根据实际情况的变化，建立真正的居民主体的医疗站也许还需要数年的时间。但是，成为"医疗专门委员会"核心成员的"小野乡明天思考会"的人们，毫无疑问逐渐获得了发挥地方能动性的信心。这种信心也提供了在医疗以外的领域开展活性化运动的可能性。

最后，我们让话题回到本章的主题，居民主体的地方医疗。小野乡"居民主体的地方医疗"几经周折终于得到了居民们的理解，迈出了实质性的第一步，这是无可否认的事实。换句话说，从以往的医疗活动转换成居民主体的医疗活动的"解构活动"（第1章）开始了。小野乡以往的医疗活动的前提，是医疗服务的提供方和接受方的明确分工，不仅小野乡、绝大多数人都认为这是常识。在小野乡展开的解构活动中隐含着今后新医疗模式的可能性。

●第3章引用文献●

（1）杉万俊夫，《住民による地域医療をめざして》，杉万俊夫（編著），《フィールドワーク人間科学：よみがえるコミュニティ》（第三章），ミネルヴァ書房，2000年。

第4章 教育：市民小组的"学校"教育

东村知子

与本书的其他章节——打破地方的保守性、封闭性体制（第2章），没有前例的居民主体的地方医疗（第3章），空前未有的防灾、救灾活动（第5章），与共有特殊"亲属关系"的网络（第6章）相比，本章介绍的市民活动非常"轻松"——所有人都是怀着"轻松"的心情来参加的。当然，将活动踏踏实实地坚持下来，不用说自然要付出很多辛苦。但实际上，这又是一项任何地方、任何人只要有心都可以努力组织起来的，贴近每个人生活的市民活动。这是一个找回日常生活中本真教育的市民活动实例。

第一节 在轻松的活动中感受教育

在大阪府寝屋川市，有一个小小的组织正在开展活动。这个组织是一个叫"寝屋川寺子屋[①]"的市民组织（卷头彩图4）。他们的活动内容并不稀奇——为孩子们创造每周六的去处。这是一场对本活动有兴趣的人们聚在一起，快乐进行的轻松活动。但是，这个轻松的活动中却蕴涵着挑战现代社会两大重要课题的能量。

第一大重要社会课题是教育。现在的教育被理所当然地认为"就是由学校的教师来完成的活动"，然而这种教育现状从历史的角度来看绝非必然（充其量也只是最近几十年产生的特殊现象）。

[①] 寺子屋是日本江户时代（1603～1868）以庶民子弟为对象的民间教育机构，其起源可追溯到中世寺院开展的教育活动。到了江户时代，由于工商业和文化的发展，寺子屋作为民间教育机构在江户、京都等大城市逐渐普及。本文中的寝屋川寺子屋是基于这样的历史溯源而命名的。——译者注

第4章　教育：市民小组的"学校"教育

在学校诞生以前，孩子的抚养教育功能在社区。即使是在明治初期学校制度化以后，学校也只是承担着一部分的教育功能，而家庭与社区仍承担着各自的教育功能。现在的教育却丧失了这种平衡，这种把教育完全推给校园的现状，与当今学校面临的拒学症、校园暴力、学校崩坏①等一系列问题不无关系。

　　过去人们一直以各自的方式在社区参与孩子们的教育活动。比如，左邻右舍的大人与小孩之间都有一种"斜向"关系——既不是父母与子女、老师和学生之间的"纵向"关系，也不是朋友之间的"横向"关系，而是不同辈分之间的关系(1)。不相干的大人会和放学路上的孩子搭话，会对邻里面熟的孩子提出忠告。这种情景如今已经几乎看不到了，但在以往的社区却是理所当然、随处可见的。通过这种行为的积累，孩子们也在不知不觉中接受着社区的教育。我们应该让如今的社区重新拾回往日的这种"斜向"关系。教育不能只依赖于教师，各种各样的人都应当随时参与到教育活动中来。教育不必墨守成规，灵活掌握教育方法，任何行为都可能成为教育。不必一概而论地考虑给所有孩子均等的教育，不妨尝试针对每个孩子的情况因材施教的教育。

　　第二大重要课题是，如何才能够使志愿者活动得到积累和沉淀。下一章中我们将提到，以阪神·淡路大地震为契机，日本的志愿者活动从先驱者时代步入了大众化时代。不论是谁都可能参加志愿者活动，不论谁参加都不稀奇。但是，要实现真正意义上的志愿者社会，必须大量积累志愿者活动。那么，究竟该怎么做呢？企业社会给了我们启迪。在企业社会的积累过程中，参加和撤退的低难度——也就是创业容易、停业也容易——起到了重要的作用。事实上，不断推行的政策就是为了保护这一点。根据

---

　　①　学校崩坏，也称学级崩坏（NHK电视台（日本放送协会）于1990年代在节目中首次使用该词），近年来成为日本的一个教育及社会问题。指学生在教室内不听从教师指导，擅自行动，以至于无法进行授课等教学活动，并且持续一定时间以上，无法使用普通的教学手段解决问题。——译者注

2003年2月实施的中小企业挑战支援法,以往需要最低1000万日元资本方可创立的股份制公司,被改定为原则上只需1日元也可以注册。面向风险企业的资本市场也日益完备。在企业的破产方面,民事再生法等制度、政策也日趋完善,使企业在陷入绝境之前可以放弃经营。这样,参加和撤退的低难度推动了小型企业的大量涌现,扩大了企业社会的规模。同时,正因为竞争和淘汰也随之产生,最终孕育出了具有长期生命力的一流企业。

志愿者活动也是同理。人们往往只会把视线聚焦到那些足以让新闻媒体报道的非营利组织上去。但是,这些一流的非营利组织也是从无数个组织、团体的无数次试行错误之中才成长起来的。即使没有崇高的使命感,也可以抱着轻松的心情聚到一起开展活动。任何人都可以自由地参加,也可以中途退出。如果无法持续下去,也可以中止活动。正是这份自由的"轻松",促进了志愿者活动的社会渗透性。寝屋川寺子屋的活动包括两个"轻松"的尝试:创建大人"轻松"地与孩子交流的场所;展开任何人都可以"轻松"地参加的志愿者活动。这两种轻松的尝试,或许能够找回社区的教育功能,实现真正的志愿者社会,成为解决上述两大社会性重要课题的突破口——当然参加活动的人们绝没有这些意图。下文我们将对寝屋川寺子屋发展至今的脉络进行详细说明。此外,从寝屋川寺子屋活动的启动时期开始,笔者一行在参与活动的同时一直进行着与活动相关的田野研究工作。

第二节 "寝屋川寺子屋"的由来

创建经过

大阪府寝屋川市位于大阪府东北部,是一个拥有25万人口的卫星城市。寝屋川寺子屋的活动开始于2002年4月。公立学校实行作五休二制教育是直接的契机。寝屋川寺子屋活动有3名发起人:寝屋川市教育委员会职员S氏和U氏,以及具有多年担任中小

第4章 教育：市民小组的"学校"教育

学PTA①会长及干部经验的T氏。活动最早开始于2001年9月，S氏一句脱口而出的话："市政府职员能不能开设免费的补习班呢？"U氏闻言也想到："从明年开始学校实行双休日制度，周六休息。由市民志愿者来开设指导孩子们学习的补习班怎么样？"并和上司商量此事。上司立刻对U氏的想法表示了兴趣，并提出并非开设私塾，而是采取寺子屋的形式；并提议并非由在教育委员会任职的S氏和U氏作为领头人物，而是采取以普通市民为中心的形式。于是，T氏被选为代表，并当场表明了合作的意愿，为"寺子屋"的成立挥洒热汗。"希望能通过这个活动改善学校的现状"，这就是T氏的愿望。

最棘手的问题是活动的场所。S氏和U氏认为利用学校场地、尤其教室的难度相当大，考虑将公民馆列为备选方案。但是，T氏却强烈地希望"在学校展开活动"。T氏也认为："学校有课桌等设备，而且免费。既然是为了孩子，用教室不是正合适吗？"将请求直接递交给市内某小学校长。在T氏的友人、该校PTA会长的帮助下，校方答应将两间图书室借给他们使用。

2002年3月，市宣传报上刊登了募集志愿者的广告。下至女高中生，上至60多岁的企业退休员工，12名志愿者报名参加。参加报名的家庭主妇N氏在回想当时心情时说："我虽然有工作和家庭，却一直想干点什么。看到广告后觉得：'这个好像我也做得来。'就报名参加了。"在登广告募集的同时，S氏与U氏也从教育委员会的同事和担任教师的熟人中召集工作人员，T氏则号召PTA的成员们带上自己的孩子去参加活动。这一年，笔者与T氏相识，此后一直参与活动，成为该组织的一员。

从3月末到4月初，召开了两次设立准备委员会的会议。然而，发起方的计划非常不明确，确定下来的只有"每周六在小学进行"和"首先辅导孩子们学习"这两点。因此，与会者（尤其

---

① PTA（Parent-Teacher Association）：学校以及家长共同牵头组织、由监护人和教师组成的家校交流团体。在家庭与学校沟通上起着重要的作用。——译者注

是教师）提出了诸多问题，纷纷表达了疑虑。还有人提出了反对意见："为什么还要学习？"参加会议的某小学的教导主任说："为了孩子们我很愿意积极配合。可是这么含糊的计划，我不知道该怎样协助才好。"（后来她离开了"寺子屋"，在自己任职的小学开展了传统游戏的活动）。但最终，发起人力排众议，坚持"不管怎样先做起来，实行以后再作进一步考虑"，2002年4月20日，"寺子屋"进行了第一次活动。

摸索时期

第一次的"寺子屋"活动聚集了39名孩子和20多名工作人员，盛况超出预计。但随后，各种问题接踵而至。最大的问题就是运营体制无法步入正规。活动发起人以长期志愿活动为目标，为了让工作人员能够长期坚持，就必须减轻每个工作人员的负担，确保活动的持续性，因此理想的状况是"每月帮一次忙"。但活动开始后却发现，为了接待大量前来参加活动的孩子，至少需要10名工作人员。每次举办活动，U氏和S氏都为了确保工作人员的人数四处奔波。S氏等人认为，对于已经来参加活动的志愿者已经是感激不尽了，不好意思一次次地强求对方参加活动分担杂务。他们内心期待着其他工作人员能够主动提出协助举办活动，但即便是每周都来参加活动的志愿者，对于成为核心成员维持志愿者组织的运营没有什么积极性。大多数工作人员感到："虽然我们知道U氏和S氏非常辛苦，却不知道我们该做什么才好。"这种现实大大偏离了U氏和S氏逐步将志愿者工作的运营全面委托给市民来完成的初衷。

另外还有几个小问题。原本活动就是赶鸭子上架匆忙启动，运营中产生了许多摩擦，工作人员彼此的意见也无法达成统一。其中一个问题就是"一百日元问题"。U氏认为，孩子们难以集中注意力进行连续两小时的学习，而且缺乏乐趣的活动也无法吸引孩子们前来。因此"寺子屋"规定，暂定10点到12点的活动时间中，一小时为学习时间，一小时为游戏时间（结果，这一习惯被维持至今）。学习时间中，一般是由孩子们自带作业或自习材料，

第4章　教育：市民小组的"学校"教育

对什么都没带来的孩子们则由组织方提供数学教科书的复印材料。然而，当时的"寺子屋"没有一分钱的资金，如何解决复印费成了问题。准备委员会对此问题进行了商讨，提议对每个参加活动的孩子进行小额收费。对此工作人员的意见产生了分歧，提案暂且被保留下来。但最后，终究是不好意思次次都由发起人自掏腰包，只好实行让孩子们每次参加付一百日元的规定。但有时会出现孩子忘记带钱或不带钱的情况，对此有部分工作人员提出了质疑："这种做法究竟合适吗？"

每次活动时召集工作人员的电话联系、教材准备等工作都落在S氏和U氏的肩上。在活动开展到第三、四次时，俩人已不堪重负。尽管多次在周六的活动结束以后就此问题进行讨论，但始终无人挺身而出表示愿意接替两位的核心角色。大家感到，如果继续这样下去，这个活动将被迫停止，遂决定于5月30日召开全体会议。

工作人员全体会议

近20人出席了工作人员全体会议。会议的主要议题是如何由其他工作人员分担U氏和S氏的负担。虽然俩人提出了建立完善的运营体制的方案，但大家认为实际执行非常困难。苦无对策，众人即将放弃之际，S氏半强迫地对与会的两名主妇提出了"至少可不可以分担一下联系工作人员的任务"的请求。两名主妇虽有所踌躇，但还是答应了。

这一举动改变了整个会场的气氛，众人开始就其他问题积极地交换了意见。比如，就教材编制陷入绝境的问题，有人提议向工作人员全体征收一定金额的份子钱，这样还能够创造工作人员聚集一堂的机会，促进沟通。这一提议得到了大家一致的赞同。对其他问题，如上述"一百日元问题"、孩子擅自闯入其他教室的问题、工作人员及参加者减少的问题、教材的保管问题等，也进行了讨论。虽然都没有得出最终的结论，却让平时只是单纯帮助举办活动、几乎不对活动的运营发表意见的大多数工作人员说出了自己的意见，可谓巨大的进步。

社区的集团动力学

不安定中的维续

全体会议带来了好兆头,活动得以坚持下去。比如,一名频繁参加活动的工作人员(前文提到的N氏)提出,游戏时间可以开展折纸和拉洋片等活动。N氏在私立幼儿园担任保育员,由于具有相关经验,每次都会准备好大人和小孩都能充分娱乐的游戏材料。另外,在T氏友人的协助下,还举办了"户外寺子屋"单元,开展了熏烤活动(2002年6月)和年轮蛋糕制作活动(10月),孩子们积极参加;此外还举办了急救培训(7月)、圣诞派对(12月)等特别企划活动。尤其是年轮蛋糕制作活动时,聚集了近50名儿童,刷新了"寺子屋"创立以来的纪录。此外,由于小学方面又提供了闲置教室作为教材等物品的堆放处,也解决了U氏和S氏每周搬来搬去的烦恼。2002年10月,随着寝屋川市市民活动中心的成立,寝屋川寺子屋在中心注册成为正式的志愿者组织,可以使用橱柜、印刷机等设备,并积极申请到了针对志愿者活动的市级补助金,作为教材打印费等活动经费。

但是,组织的运营方式却依然维持着不得不以U氏和S氏为核心的状态。另外,没有上述大型活动的普通周六,前来参加的孩子人数不断减少,每次参加的成员基本固定下来。除此之外还有很多问题。比如,2002年10月,孩子们停放在校园里的自行车有十多辆被同时扎破了轮胎,引起骚动。尽管立即查明不是"寺子屋"的孩子所为,校方还是指出了工作人员在管理上存在的缺陷。2003年1月,孩子们在校园中踢足球,砸破了学校的窗玻璃。U氏发现"寺子屋"所加入的保险不适用于物品,如何赔偿成了问题。有人提议用每次每人收取100日元收集起来的资金,以寺子屋的名义进行赔偿,也有人认为应由工作人员集资赔偿。最后,由于踢球的孩子的家长主动提出承担全额赔偿金,事情总算得到了解决。然而,每当发生问题,寺子屋和校方之间的关系就会变得非常尴尬。

更新换代与稳定化

从2003年1月开始,S氏呼吁通过教育委员会的工作认识的大

第4章 教育：市民小组的"学校"教育

学生参加寺子屋活动，几名大学生加入到工作人员的队伍中来。与此同时，一名学生工作人员受S氏的委托，制作了邮件列表，并有多名以年轻人为主的新成员加入。通过邮件列表，大大方便了通知活动安排、联系工作人员参加以及对方回信，而不再需要此前的两名主妇进行工作人员人数调整及电话联系。此外，对于有事未能前来的成员，还可以邮件的形式发送告知当天的活动内容及联络事项。

进入这个阶段后，初期经常参加活动的T氏和他所在的PTA的学生父亲们几乎不再露面了，新加入的年轻成员逐渐成为工作人员的主力。

2003年3月，S氏建议每月两次召开"定期工作人员会议"，时间定在每月的第一个和第三个星期三的晚上，场所则借用市民活动中心的一个房间。由于周六忙于组织活动，无暇交流讨论，因此开办会议的目的就在于让工作人员之间有时间互相交流，让即便是周六几乎都不能参加的人，也能够参加定期会议，希望借此维持成员与组织的联系。

从再启动到现在

2003年6月，由于一直作为活动场所的小学实施改建，校舍无法使用，寺子屋不得不另寻活动场所。S氏等人就向附近的府立高中求助等几个方案进行了探讨，最终一所中学校长提出，将寝屋川寺子屋并入该校即将于第二学期开设的"周六学校"活动的一部分。S氏对其他工作人员说道："我们不管到哪里都能搞活动。之前的小学已经无意和我们继续合作了，所以我们随时转让。"

2003年9月暑假结束时，"新生·寝屋川寺子屋"在该中学再次启动。在参加者招募方面，"寺子屋"向该中学及其校园内的某小学发布了传单。和之前"不惹麻烦就漠不关心"的小学形成对比的是，该中学给予了大力支持，不仅准备了橱柜，还为传单和教材等材料的所有印刷事务提供了本校的设备。这样大大节省了教材的准备时间，可以将周六的时间更多地投入到活动中。

最近，参加寺子屋活动的儿童数稳定到了20人左右。但举办

"寺子屋面包厂"等特别企划活动的日子，参加者远远超过预计的人数，令工作人员措手不及。但由于目前工作人员也稳定在一定人数，因此还没有出现人手不足的困难。

尽管寝屋川寺子屋至今依然以S氏和U氏为核心进行运作，但也在发生着变化。其他工作人员在一次次参加活动的过程中，也日渐积极，会提出意见，或主动申请工作。最近，U氏和S氏也半开玩笑地说："现在就剩这些学校交给我们的钥匙了。有谁接管了这把钥匙，我们的任务就完成啦！"

寺子屋与家长

S氏和U氏一直提倡，希望家长也一起来参加活动，并接触自己的孩子以外的孩子们。然而事实上，这些家长似乎只是把寺子屋视为免费的学童放心班。特别是从第一年到活动场所转移到中学前的这段时间，家长们只管把孩子送来就走，其他的事情都与己无关了。

在这种情况下，尽管家长们几乎不露面，但工作人员还是通过打电话通知活动安排时注意家长们的反应，了解到大部分家长还是对寺子屋的活动给予了赞赏和感谢。S氏在内部通讯中，提到家长们在电话中的反应时写道："不管是哪个孩子的家长，一听我们是寝屋川寺子屋的，立刻回答说：'啊，一直以来承蒙关照了。'听到对方这样说，有种不可思议的欣慰感。"有一位家长对一名工作人员说："其实有很多家庭都很期待类似'寺子屋'的活动，只是很多家长不清楚'寺子屋'究竟在搞什么样的活动，担心万一发生了意外如何处理，这才犹豫到底要不要参加。可是，如果有熟人推荐，亲自体验之后，看到大家都很开心，也就愿意参加了。"还有的家长说："孩子回来以后，非常开心，说今天干了什么什么，所以我们非常感谢'寺子屋'。"但尽管如此，这些家长们的声音传到"寺子屋"的工作人员耳中还是非常少有的事情。

由于活动场所转移到了中学，小学生，尤其是低年级的孩子们的家长开始前来接送。从此S氏就开始对接送孩子的家长呼吁在工作人员邮件列表上登记，并询问他们是否愿意参与到工作人员

第4章 教育：市民小组的"学校"教育

当中体验一下活动的乐趣。虽然目前几乎没有家长加入到工作人员之中，但至少已经有一部分家长开始经常露面。还有家长通过邮件发来感谢信："托'寺子屋'的福，这一年能够安心投入工作了。"

现在，寝屋川寺子屋面临的最大的问题之一，就是如何让更多的家长参与到活动当中。

第三节　轻松的活动与重要的课题

前面说过，寝屋川寺子屋的两个"轻松愉快"的尝试——"创造大人和儿童轻松交流的场所"和"创造任何人都可以参与的轻松愉快的志愿者活动"——蕴涵着两个重要的课题——重拾社区的教育功能和实现厚积薄发的志愿者社会。下面我们来详细分析。

大人与孩子之间的轻松关系——重拾社区的教育功能

在寝屋川寺子屋的活动中，大人和孩子之间的关系是对等和自由的（照片4-1）。孩子们会对自己喜欢的工作人员撒娇、调皮；有的孩子会黏着一起玩耍的大学生哥哥姐姐，一遍遍地问"下周还来吗"，直到对方明确答应。如果自己喜欢的工作人员没有出现，孩子们就会请求其他工作人员："谁谁今天不来吗？打电话叫过来呀。"

孩子们对待这些身为工作人员的大人有别于对待家长与老师，有着另一套相处方式。有一次，S氏问一个态度恶劣的孩子："你在学校也这个样子吗？"那个孩子回答"那怎么可能呢！"对于工作人员说的话，还有孩子可以说充耳不闻。也许他们对冲着大人出言不逊乐在其中。现在，能够让孩子用这种态度相处的大人少之又少。可是对工作人员来说，这种自由的关系既有趣，同时也有一定的困难。有时，工作人员为了叫孩子学习费尽心思。孩子们很清楚，寺子屋和补习班、学校并不一样。当有孩子不顾正当学习时间，固执地说："不要，我不要学习，我要玩！"工作人员进退两难，因为没有让孩子必须学习的理由。

社区的集团动力学

　　工作人员的对策也因人而异。有不由分说,"不想学也得学"的强硬派(以主妇为主),也有"那好吧,那就学习到这里,然后才可以玩"的让步派(以年轻人为主)。其中,最有特点的是S氏,他会反击道:"大叔我开办这个活动,完全是出于兴趣,如果你不喜欢可以回家!"以这些多样的方式和孩子们接触,也只有作为既非家长亦非教师的"他人",即在"斜向"关系中才可能实现。

　　在寺子屋的活动中,大人和小孩之间能够细水长流地建立起深厚的关系。孩子们虽然嘴上抱怨着"(寺子屋)没意思",但和大人们在室外奔跑嬉戏、一同游戏时却异常高兴。还有的孩子玩独轮车时缠着大人要他们看着自己,得到大人的夸奖时欢天喜地。在学习方面也是如此。曾经有个安静不下来的小学三年级男生,不仅自己无法集中注意力学习,总是溜出去玩耍,还要影响别的孩子,让工作人员伤透了脑筋。有一次,一名正职为教师的工作人员发现这个孩子不会计算"6+9",便花了很长时间一对一地教他进位加法。这名男孩学会之后似乎产生了一些兴趣,这一天比以往更安静地学习。留心观察孩子们解题时的样子,会发现他们在学习上薄弱的环节在哪里。此时,工作人员就要(有时也在其他工作人员的支持下)努力教会孩子欠缺的知识点。

　　这种在点滴细微的接触中建立起来的关系,是孩子们平时和家长或老师之间想建立也无法建立的。家长每天忙碌于工作和家务,学校老师则必须兼顾许多学生。但在寺子屋,一个工作人员每次至多负责3个孩子。正因如此,才能够在学习上、游戏上都可以与孩子直接沟通,进行深入的交往。

　　虽然是极个别的现象,但寺子屋也曾经接待过拒学症的孩子。有一天,一位母亲将她上初中三年级的孩子送到了寺子屋。起初,孩子完全没有和别人沟通的意思。但是,当一名大学生工作人员来教授数学问题时,孩子渐渐开始通过母亲对工作人员作出语言反应,最后还露出了笑容。尽管来寺子屋只这一天,但这是孩子长期以来的第一次出门,孩子的母亲非常高兴。还有一位女初中生,有一阵子经常带着朋友一起来学习备考,工作人员后

第4章　教育：市民小组的"学校"教育

来才知道，原来她也是个拒学症学生。工作人员心中怀着一种期待，希望寺子屋能够发挥更大的作用，成为那些不能去学校的孩子们也能来的地方。

工作人员惊讶地发现，大家一起运动或游戏时，有的孩子会任性不遵守规则，无法和别的孩子一起愉快地玩耍。圣诞派对时，所有孩子一起玩"水果篮子"的游戏。比总人数少一把的椅子向内围成一个圈，"鬼"站在中间，其他人坐在椅子上。规则是，符合"鬼"所说的话（如"戴着帽子的人"）的人一齐起身改变座位，而鬼也同时寻找空座位坐下，找不到椅子坐的人就变成下一个"鬼"。然而，有一个男孩子坐到圈中的椅子上，却不参加游戏，只顾对周围的大人说些无关的话，妨碍游戏的进行。一个年轻的工作人员提醒他："既然坐好了就好好参加游戏。"那个孩子却说"不要"，拒绝听从，最后终于把工作人员惹火了："不参加游戏就到圈外面去！"每当发生这种事，工作人员之间都会讨论分析为什么孩子们不能遵守规则。有的工作人员认为，寺子屋可以通过游戏教育孩子们遵守规则，让大家都能开心地玩游戏。

大多数孩子会连续参加好几周。其中有些孩子次次参加。工作人员由此想到："如果寺子屋没有了，这些孩子到了周六到底会做些什么呢？"孩子们最初都是由家长劝说或者送来的，但这并不意味着他们没有其他去处。到了寺子屋，又要被迫在休息天学习，又可能被素不相识的人严厉叱责。即便如此，孩子们尽管偶尔会抱怨"为什么非要学习啊"，却还是成了寺子屋的"常客"。对他们而言，寺子屋逐渐变得不可或缺。

不同年龄、不同观点、形形色色的大人，以各种各样的方式和孩子接触，这不就是社区教育吗？当然，很多事情是只有家长或教师才能做到的。但是，也有一些事情，恰恰只有非师非长、非亲非故的他人才能做到。像个大哥哥、忘年交那样地和孩子交往，对孩子来说是非常新鲜、快乐的经验。有时，大人也会严厉地训斥孩子。孩子在和不同年龄的大人、不同年龄的其他孩子接触的过程中，也许能够逐渐学会忍让。针对每个孩子，他们从容、

社区的集团动力学

细心地交往。因为没有特定的课程和教材，正好可以针对每个孩子的情况因材施教，让他们独立思考（照片4-2）。哪怕是因为某个环节特别薄弱而讨厌学习的孩子，只要稍微弄懂了一点，就会产生学习的兴趣。对于拒学症的孩子，如果有一个来去自由、行动自由的场所，相比他们也会产生些许兴趣。一一列举下来，其实都是些司空见惯的平凡小事。但是，正是这些点滴接触的积累，有着非常重要的意义。

轻松的志愿者活动——志愿者社会的积淀

作为志愿者参加寝屋川寺子屋实在是很简单。只要来到活动场所在纸上写下自己的联系方式就成了一名工作人员。如果参加后觉得无趣，或者不符合自己的意愿，也可以不再参加。"来者欢迎，去者不追"，这就是"寺子屋"的宗旨。

工作人员的参加频率一般为"每月帮一次忙"（当然，想参加的人也可以每次都参加）。这也是为了贯彻S氏和U氏自从活动开始的时候就一直坚持的"尽可能减少每个工作人员的负担"的主张。正因为有这种作息自由的轻松气氛，反而让许多工作人员坚持了下来。但是，这种自由参加在人手确保上也确实有一定的弊端。"一月一次"这个目标在表达上有个陷阱，如果好几个礼拜不参加的话，无形中就脱离了活动，回来反而变得有些尴尬。最终，工作人员自动分成了"次次参加"和"彻底不来"的两拨。S氏表示："如果我们能为登记在册的所有人发送内部通讯，努力保持联系就好了。"但由于工作量过大，难以付诸实施。这个问题由于邮件列表的出现得到了缓解。一位工作人员提出了建议："长时间没有参加活动的话，因为不清楚情况不好意思过来。如果有每次都参加的人，不管是谁，希望能按照邮件列表群发邮件告诉我们当天的活动情况。"有了邮件列表，即使是没能参加活动的工作人员也可以与"寺子屋"保持联系。

参加活动的工作人员异口同声地表示"很开心"。受到孩子们的喜爱，的确是一件令人愉快的事。被亲近的孩子询问"你下次还来吗"，就不由自主地觉得下次还应该再来。和孩子们接触的

第4章 教育：市民小组的"学校"教育

时间久了，工作人员也会对他们产生特别的感情。一直来参加的孩子突然不来了，不禁会担心："那个孩子最近都没来，到底怎么了？好久没见到他，心里有点空荡荡的。"

大多数的工作人员怀着"想为孩子做点什么的"的心态参加"寺子屋"的活动。想做的事情和能做的事情，因人而异，五花八门。有一位年长的工作人员非常关心孩子的学习问题，总是非常热心地指导孩子们学习，但一到游戏时间，他就先告辞了。有的主妇正相反，"学习上的指导我不懂，就交给别人了"，而可以教孩子们和其他工作人员折纸或其他技能。还有的学生喜欢在运动场上和孩子们尽情奔跑。就这样，原本是抱着"为孩子们做些什么"的想法来参加活动的工作人员，在不知不觉中，反倒觉得好像是"孩子们为我们做了些什么"。大多数工作人员觉得，自己并没有作出什么特别的奉献。每次活动解散时，孩子们有时会说"今天多谢了"，也有时会说"今天一点都不好玩"。但即便如此，工作人员还是从中感受到了快乐，所以才会将活动坚持下去。所以说，让大人们自身也享受到乐趣，是非常重要的。

在上一节介绍的寝屋川寺子屋的历史中，体现出了那种"轻松"。寺子屋萌生于S氏的一个偶然的想法。接着，在几乎没有任何计划的情况下，抱着"实行起来之后再考虑"的态度"不管三七二十一"开始了活动。活动开始以后，运营状况也很不稳定，无数次山穷水尽疑无路。各种各样的问题接踵而至，但每当出现问题，全体工作人员都会出谋划策齐心协力解决之，就这样，在层出不穷的试行错误中跌跌撞撞一路走来。形形色色的人们加入到活动中来，实行了各种各样趣味横生的策划，但另一方面，也有许多人半途而废。

这些"轻松"的活动，如果没有S氏和U氏二位带头人的"重要"角色发挥作用，不可能持续到现在。U氏几乎从未中断过参加活动，实际上一手支撑了"寺子屋"的几乎所有活动。而S氏则一直致力于想出独特的点子，从各种地方挖掘吸取新的工作人员，以此一次又一次地给即将停滞不前的活动带来新鲜的刺激。但是，两位领导者并不是出于"无论如何也要坚持下去"的使命感，而是出于乐趣参加活动的。

寺子屋的活动，草草开场，几经危机，不知不觉间却持续到了现在。在"尽可能地减轻每个工作人员的负担"，"在自己力所能及和不勉强的前提下欢迎帮忙"的工作方针下，工作人员不至于感受到太大的压力，从而能够以轻松的心态将志愿者活动维持下来。有人会想：如果志愿者活动能够这么"轻松"，也许我们也可以做到。这种想法是正常的。如此诞生的新活动中，肯定也会有中途夭折的。然而，各种各样的团体出现、消失，再出现、再消失，正是这种循环，积累着志愿者社会的厚度。而这种积累与实现真正意义上的志愿者社会紧密相连。

第四节　基于运动理论的考察

在第1章中我们说明了活动构造中包含的四种矛盾。第一种矛盾是潜在于活动构造的各顶点中的矛盾。第二种矛盾是显在于各顶点之间的矛盾。第三种矛盾是出现在同一活动类别（如教育活动）之内的、传统支配活动与新的周边活动之间的矛盾。第四种矛盾是发生不同类别的活动之间的矛盾。

这四种矛盾之中，第一种和第二种矛盾，以及第三种矛盾的可能性，可以借助本章介绍的"市民主持的学校教育活动"的事例加以解释。正如第1章所阐述的，学校教育活动的各顶点也存在着使用价值与交换价值的矛盾（第一种矛盾）。学校教育在具有促进每个学生的成长这一使用价值的同时，也具有再生产社会需要的人才的交换价值。对于学校教育的"主体"教师而言，学生既是教师结合考虑每个人的个性帮助成长的"对象"，同时也是标准的教学计划所适用的"对象"。

从2002年4月开始，学校实行了双休制。周六的学校没有了教育"主体"，而希望亲手实行教育的市民，作为"主体"登场了。做什么都可以。但是，从何着手呢？一旦跳出了标准的教学计划

第4章　教育：市民小组的"学校"教育

框架——即交换价值的再生产框架——自由解脱时，教育的使用价值和交换价值之间的矛盾就以过分多样化的选择的形式显在化了。对于市民团体这个新的"主体"来说，孩子不仅仅是教育的"对象"，也是引发主体对于"应该一起来做什么"的思考的"对象"。"不管三七二十一先做做看，开始实行之后再来思考"——这种起步姿态反映了在通常的学校教育活动中所没有的"主体"与"对象"关系。

本事例的特征，在于市民团体坚持把活动的场所限定在学校内。借用公民馆等其他公共设施是完全可能的，他们却坚持选择在学校开展活动。从最初的小学移到现在的中学，活动场所依然是学校。从周一到周五都是由通常的教育"主体"所使用的"学校"，却被市民团体作为活动的"工具"来使用。这里第二重矛盾被突显出来。

学校作为通常的"工具"，与通常的"分工"和通常的"规则"是一体化的。学校的围墙，就是区分外部与内部分工的界线。社会人才的再生产完全由围墙内部的作用者（教师）来承担（社会如此期待）。其次，学校的围墙还象征着关于学校的（地域社会的）规则。围墙内，尤其是校园之内，即便是家长，也不能在除学校的运动会、文化节、公开课之外的场合随意进入。规则指定了围墙以内是特殊的空间。

通过使用学校这一通常的"工具"，新的"主体"、"对象"，与通常的"分工"、"制度"成为同一个活动构造的顶点，两者之间的矛盾得以显在化（第二种矛盾），并且是以市民团体试图解决的课题的形式。他们努力做到"让任何人都可以轻松地参加"，正是在尝试打破既存的分工体制（教师及教师以外）和把学校视为特别空间的既存制度。如果，这种尝试得以扩大和深化，就有可能使传统的、支配性的学校教育活动与新的、周边性的学校教育活动之间的矛盾（第三种矛盾）显在化。而学校所在地区的社区教育、新的教育活动的可能性就孕育其中（图4-1）。

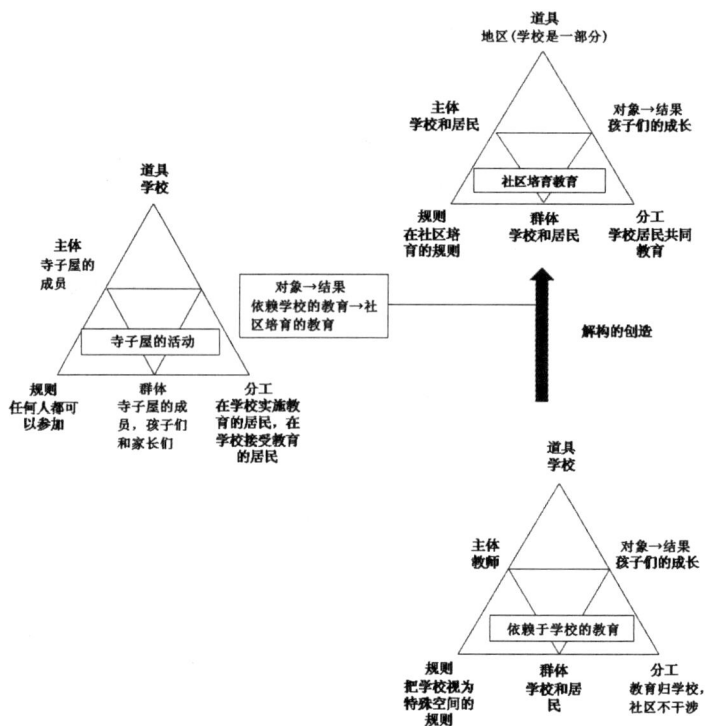

图4-1 作为学习活动的"寺子屋"的可能性

●第4章引用文献●

笠原嘉，青春期，中央公论社，1977年。

第5章　防灾：建立强有力的抗灾社区

杉万俊夫、柴田慎士

第一节　灾害非营利组织[①]

阪神·淡路大地震是一场前所未有的大灾害，死亡人数超过6400人。在这场巨大的悲剧中，唯一的一线光明就是总计达130万人的志愿者救灾队伍的出现。自20世纪80年代以来，志愿者（活动）以福利、区域建设、国际协作为三条主线，规模逐渐扩大。从图5-1所示包含"志愿者"一词的新闻报道数量的变化中不难看出，其数量自1980年代起逐年递增[(1)]。

志愿者（活动）以1995年的阪神·淡路大地震为契机，从"先驱者时代"步入了"大众化时代"。志愿者活动已不再是一部分先驱者的专利，人人皆可参加，谁参加都不稀奇。志愿者活动已然大众化。地震刚发生时，活跃于大众媒体的"志愿者元年"一词，我们应当理解为志愿者活动的"大众化元年"。

阪神·淡路大地震把"志愿者"与"灾害"二词联系在一起。此前的志愿者活动，几乎都围绕着上述三条主线展开。而在灾害、防灾相关的社会科学的文献中，也不曾提及志愿者一词。以阪神·淡路大地震为契机，日本社会接纳了"灾害志愿者"这一新的词汇（概念）——此现象也反映在新闻报道数量的变化中[(1)]（图5-2）。

---

①　NPO、NGO在中国尚属发展时期，各组织虽有具体工作内容上的差别，却尚无明确的功能分类。因此译文直接采用日语原文中的"灾害NPO"一词。这里的"灾害NPO"的概念包括灾前防灾、灾后救灾两方面功能的内容，在下文中也将对此进行详细的阐述。——译者注

社区的集团动力学

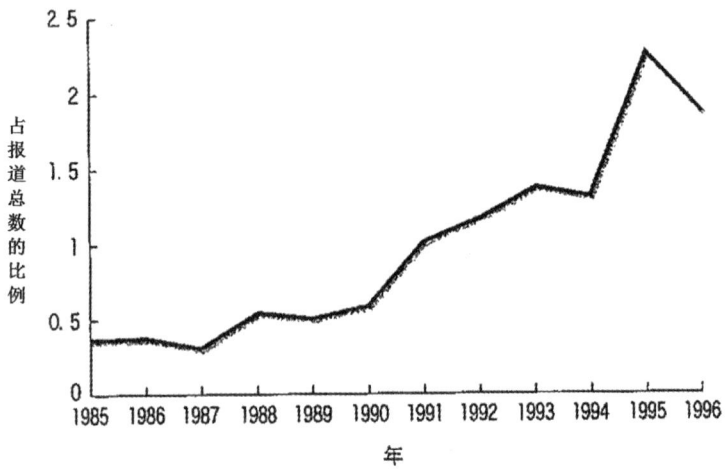

图 5-1 含有"志愿者"一词的报道在所有报道中
所占的比例(以《朝日新闻》为例)

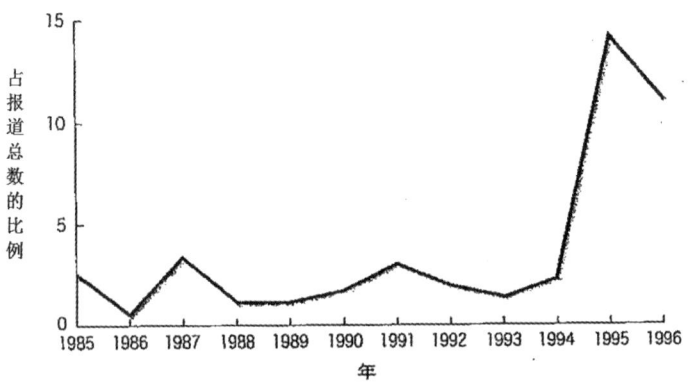

图 5-2 含有"灾害"一词的报道在所有含有"志愿者"
一词的报道中所占的比例(以《朝日新闻》为例)

经调查,赶赴阪神·淡路大地震灾区开展救援、重建活动的志愿者组织、团体中,有三分之二是以既有团体为雏形,甚至是

第5章　防灾：建立强有力的抗灾社区

从既有团体派生出来的。另外三分之一则是以震灾为契机新生的团体、组织。另外，诞生于灾区当地及其周边地区的团体、组织，与从外地赶赴灾区救援的团体、组织数量基本相同。

这些组织、团体中的一部分，在灾后重点开展防灾、救灾活动。它们以神户或阪神之间的灾区为中心，有的团体汲取震灾教训开展防灾活动，有的团体则为了使人们不要抛却震灾的记忆而开展地震经历的"演讲"活动。此外，全国各地涌现了平时在当地开展防灾活动，一旦发生灾害便赶赴灾区的团体。目前，在全国范围内防灾/赈灾团体已超过30个。

本章介绍以名古屋为中心开展防灾活动的灾害非营利组织救援储备站（RESCUE STOCK YARD）。该团体也是以阪神·淡路大地震时参加救援活动的同好为中心而创立的。据预测，包括名古屋在内的东海·东南海区域不远的将来将发生大规模的地震，被指定为地震灾害对策强化区域。

灾害非营利组织必须思考的问题之一是应当如何应对灾害的非日常性。有这样一句警句："灾害总在你忘记它的时候来临。"即便是已经被预测不久的将来会发生大地震的东海·东南海区域，大地震袭来的"不久的将来"或许就是明天，又或许是在我们已经死去的一百年以后。更何况其他没被预测为将发生地震的普通区域，灾害真的会在大家都已遗忘、谁都始料未及的时候发生。也就是说，灾难的特征就是极度的非日常性。为极其非日常性的事件准备万全之策是非常困难的。每天的生活充斥着"日常性"的活动。对于有生之年未必会遭遇到一次的灾难，无论别人怎样提醒自己万万不可懈怠，最后还是会被抛之脑后。正因如此，才更能看到坚持致力于防灾工作的团体的必要性。但是，无论将防灾做得多么专门化的非营利组织，在其所在的整个区域范围之内，灾害依然总是在人们几乎忘却它的时候到来。日常生活中，究竟应该如何坚持防灾工作，维持动力，普及防灾知识呢？

首先，我们可以把救灾活动与防灾活动比作人的两条腿。确实，只从当地一个区域来看，灾害的确是极度非日常的。然而，

社区的集团动力学

从全国范围来看，每年总会有部分地区遭受灾害，并向外界请求救援活动。再进一步把海外也纳入视野，就会看到每年都在发生大型灾害。当一个地区发生灾害，就会有人从各地赶赴现场开展救援活动。即使不赶赴现场，也会为那些赶赴现场的人们以及灾区的重建工作提供帮助。这些直接或间接的救援活动为日常中细水长流的防灾活动提供了动力以及宝贵的知识和技术。相反，日常的防灾活动也为灾害实际发生时的救援活动发挥着模拟演练的作用。

其二，防灾救灾中政府部门和市民之间的合作机制。一直以来，日常的防灾活动被认为完全属于政府的职能范围。阪神·淡路大地震以前，救灾活动也同样被认为属于政府的职能范围。然而，对于政府为主导的防灾活动却总是百呼不应，无论怎样引导，普通市民都不理不睬。尽管政府部门会按部就班地在街道自治会中设立自治防灾组织，也只是形式主义地让其提交负责人名单而已。如何实现市民参与型的防灾活动呢？在这个问题上，灾害非营利组织提供了很好的范例。既然"行政-市民"的二元结构之下，防灾工作迟迟不能顺利开展，那么"行政-灾害非营利组织-市民"的三元结构会如何呢？本章介绍的救援储备站（RESCUE STOCK YARD）就为探索这种新结构的发展途径提供了具体的实例。

另一方面，阪神·淡路大地震的经验也清楚地告诉我们，灾害发生时，依靠政府的救援活动根本就是不可能的。发生大灾害时，大部分的行政人员也会成为灾民。实际上，阪神·淡路大地震发生当日，西宫市政府上班的职员有四成正在上班。就连市政府工作也陷入瘫痪，面对成千上万的灾民更是无暇顾及。

我们假设大量的志愿者赶去救援。但要使志愿者的能量得到充分灵活的发挥，必须将其组织化（协调化）。为了应对随时都会发生变化的灾区情况和灾民的需求，应该怎样进行灵活的组织化呢？以志愿者为中心开展的救援储备站（RESCUE STOCK YARD）的活动，给予了我们重要的启示。

第5章　防灾：建立强有力的抗灾社区

第二节　救援储备站（RESCUE STOCK YARD）

救援储备站（RSY）的前身，是以在阪神·淡路大地震（1995年）中开展志愿者救灾活动的爱知县的有志之士为中心，于1995年7月设立的"震灾经验学习志愿者网络会"（以下简称为"网络会"）。该会以"持续不断地支援灾区"，"吸取震灾教训开展防灾活动"为活动理念。当初加入"网络会"的成员以现任理事代表K氏为代表，都已成为核心成员。

在创立阶段，"网络会"是由参加阪神·淡路大地震的救灾活动的个人以及团体组成的、松散的网络组织。但此后，"网络会"的独立活动渐渐增加，自2000年3月，以"网络会"为雏形，独立新团体的建立水到渠成。新团体的目的是"应急物资的准备"，即通过平时的物品回收活动，储备应对紧急情况的必要物资。当新组织还处于构想阶段时，现任救援储备站理事的H氏与T氏加入了"网络会"。

筹划新组织之际，正遇2000年9月东海暴雨水灾。当时，爱知县、名古屋市和民间组织联合建立了志愿者中心[2]。建立过程中，时任"网络会"事务局长的K氏发挥了巨大的作用。中心建立后，K氏担任总部部长，承担起志愿者中心运营的核心职责。除K氏之外的"网络会"成员也负责起志愿者中心运营的核心工作。

东海暴雨水灾时的志愿者中心的运作，以及随后的救灾活动，使"网络会"成员产生了作为爱知县市民防灾领头人的自觉意识。网络会开始构思爱知县的救灾市民团体的整体网络格局，参与全国性的救灾非营利组织网络。通过东海暴雨的教训，网络会开始重视日常的防灾活动以及平日里的人际关系和情报的积累工作。

2002年，出于阶段性的发展需要，"网络会"自行解散，并于同年3月取得了非营利组织法人资格，由此诞生了非营利组织法人救援储备站（照片5-1）。最初的骨干成员包括理事10名（其中内务、常务理事6名）及杂务2名。现任理事代表的K氏任事务局局长。包括K氏在内，有3名专职人员。活动理念包括："平时的市民参与的救灾志愿者培训活动、应急物资回收活动、紧急救援活动"，"依靠志愿者的参与，创建能够安心生活的社区，并加强街区防灾能力（建设具有应灾能力的街区）"。

笔者一行自2002年加入救援储备站（RSY），在参与开展下文所述的日常防灾活动与灾害救援活动的同时，持续进行田野研究工作。

第三节 日常的防灾活动

小学校区的防灾启蒙活动

2002年8月，以"不依赖政府，思考如何创建自立的防灾社区"为目的，由名古屋市千种区东山学区联络协议会（位于东山小学学区的自治会的联络协议会）主办，救援储备站策划、执行，举办了"东山学区防灾社区计划"的活动。前半部分以"各自治会的防灾负责人认识到防灾的必要性，并体验模拟灾害"为目标，后半部分以"守护东山学区弱势群体抗灾中的"活动内容。

来自东山学区约30个自治会的60名代表参加了活动。第一次（前半部）的集体活动中，举办了赈灾炊事、避难所生活的模拟体验，以及关于东海·东南海地震的演讲、以日常生活中的危险为主题的座谈会。第二次（后半部）活动中，围绕东山学区内的弱势群体的居所，进行了简易耐震测试和家具的固定（照片5-2）。这次活动实现了与救援储备站参加的东海·东南海地震对策联合规划小组的地震研究人员（来自名古屋大学、名古屋工业大学等机构）以及关注防灾的建筑业人士、专家和企业的合作。

2003年7至8月，终于迎来了第三次活动，以"与即将担起下一代防灾重任的孩子们一起了解地区中潜在的危险"为目的，开展了"观察我们的街区"的主题活动。活动的前半部，和以小学生为主的儿童们走街串巷，查看灾害发生时的危险地点和可用来救灾的场所。活动的后半部，把确认的地点在地图中标记出来，

第5章　防灾：建立强有力的抗灾社区

制作避难地图（卷头彩图6），并将制成的避难地图发送至町内的每家每户。此外，救援储备站还在名古屋市日吉学区、爱知县犬山市、爱知县西枇杷岛町等东山学区以外的地区，与当地的自治会或志愿者团体合作，开展同样的活动。

灾害志愿者协调员培训讲座

所谓灾害志愿者协调员，即灾害发生之际，受理大量的志愿者，提供必要的情报，应对灾民和灾区的需求开展救灾、援助活动，也是负责志愿者中心运营的核心人员。平时，灾害志愿者协调员也被寄予了在日常防灾活动以及防灾启蒙活动中发挥领导人作用的期望。灾害志愿者协调员虽没有正式资格证书，但参加下述培训讲座课程的结业人员会被政府部门登记入册。

2002年度，受名古屋市及岐阜县（飞骅地区、美浓地区）的委托，救援储备站策划并举办了灾害志愿者协调员培训讲座。其中，名古屋市的培训讲座是以救援储备站事务局长K氏主动提出方案而举办的。

救援储备站举办的培训讲座的标准流程是包括一夜的研修在内的三天课程。内容包括讲座、座谈会，模拟演习等。讲座由地震工程学、志愿者中心、志愿者协调等方面的专家主讲。座谈会则围绕志愿者中心、志愿者协调工作展开讨论。模拟演习包括志愿者中心的建立和运营的模拟演习、避难所生活体验、依靠有限的食材和材料的炊事体验等。根据实际情况，讲座内容也会随机应变。例如，由于培训讲座期间恰好发生了大垣水灾，在当地设立的志愿者中心开展活动；培训讲座正赶上防灾日（9月1日），组织参加防灾训练，等等。

救援储备站培养志愿者协调员的培训讲座效果逐渐超过了预期目标。例如，受岐阜县委托而举办的培训讲座的结业学员，在救灾非营利组织"岐阜V网络"的活动中大显身手。而在名古屋开展的培训讲座学员，出人预料地自愿建立了"志愿者协调员联络会"。"岐阜V网络"与"志愿者协调员联络会"的成员自主筹办学习会，在当地发挥了防灾活动领头人的作用。

第四节 灾害时的救援活动——协调志愿者

大垣水灾

2002年7月的六号台风引起全国范围的山体塌方、河水泛滥，造成严重的灾害。五人不幸遇难。在岐阜县，以大垣市、垂井市的西农地区为中心，约15600人接到避难劝告，在九市町村555人避难于当地避难所。在岐阜县大垣市，流经市内的太田川河水泛滥，同市荒崎地区受灾严重。

2002年7月10日下午，救援储备站事务长K氏得知大垣市荒崎地区太田川河水泛滥以后，与岐阜县救灾非营利组织"岐阜V网络"理事长兼岐阜县县会议员K.A氏，就志愿者中心的设立等今后的对策进行了商谈（K氏也是"岐阜V网络"的理事）。当天傍晚，二人一同赶往现场，视察受灾情况。与被视为设立志愿者中心热门候补地点的劳动者综合福利中心"阳光工程·大垣"（SUNWORK OGAKI）的事务局长交换了意见。但此时，在开设志愿者中心的问题上仍处于有待大垣市方面定夺的阶段。此后，二人在大垣市政府的灾害对策总部与福祉部长们会晤。此时，灾民们已提出了撤去榻榻米、转移家具等请求。次日，双方最终决定由救援储备站在大垣市福祉协会的参与下设立志愿者中心。与此同时，救援储备站和"岐阜V网络"两个团体将志愿者中心及岐阜县厅和其他志愿者团体所用资金器材调配过来，以供志愿者中心所用。

7月11日，K氏及K.A氏与社会福祉协议会商量决定，当天在"阳光工程·大垣"设立大垣市荒崎地区志愿者中心。K.A氏任中心最高负责人，K氏任总务负责人。考虑到灾情，必须在三日之内完成中心的设立，因此将不通过大众媒体招收志愿者。7月12日至14日，中心建设期间的三日内，收到救援、支援请求213件。虽然中心没有大规模地招收志愿者，仍有843名志愿者直接通过互联网参加了救援活动[3]。

由于大垣水灾规模相对较小，政府并没有要求设立志愿者中

第5章 防灾：建立强有力的抗灾社区

心。正如上文所述，K氏与KA氏认识到设立中心的必要性，通过动员政府部门以及社会福祉协议会才促成了中心的设立。然而，政府和社会福祉协议会对志愿者中心明显缺乏认识。比如，大垣市的相关负责人起初对志愿者中心几乎一无所知。再如，二人最初向岐阜县社会福祉协议会请求协助的阶段，得到的答复只有一句"在我国的灾害救助法不适用的情况下不能开展活动"。但是，2004年频发水灾，新潟县发生中越地震之际，社会福祉协议会自行设立志愿者中心，应对紧急情况下的救援体制逐渐定型。这表明，本章介绍的灾害非营利组织的部分活动开始由社会福祉协议会承担。

宫城县北部地震

宫城县北部地震是2003年7月26日深夜至27日期间，以宫城县北部为震中发生的地震。7月26日0时13分，同日7时13分，27日16时56分发生了三次震度6以上的地震。此后余震不断，截至当年9月19日有震感的地震多达483次。此次地震殃及宫城县22个市、町，其中受灾特别严重的五个町——鹿岛台町、南乡町、矢本街、河南街、鸣濑街符合"灾害救助法"适用条件。发生了如此大规模的地震，尽管万幸无人遇难，但宫城县的受伤人数却达到了675人。民居及其他建筑物受到严重的损害。宫城县内，包括完全损毁的1247栋民居在内，15319栋房屋、12945户家庭受灾。为防止掉落的瓦片而拉起蓝色防水布的民居、倒塌的围墙随处可见。即使房屋本身幸免于难，但家具倒塌、碗橱的玻璃碎片落满一地的家庭不计其数。特别是对老人和残疾人来说，自己收拾七零八落的家尤为困难。

地震发生当日（7月27日），由以救援储备站为首的灾害非营利组织组成的"全国震灾联合网络"的成员迅速进入灾区。他们从严重的灾情中看到了志愿者中心设立的必要性。但灾害志愿者中心的开设与运营仅靠从外地赶来援助的机构是相当困难的。中心运营的核心需要对当地情况了如指掌的当地团体。以救援储备站为首的从外地赶到的团体，与重灾区之一南乡町的社会福祉协议会商谈，最终决定设立志愿者中心。

次日28日，灾害志愿者中心开始进行赈灾活动（照片5-3）。大量的志愿者来到中心。但是，由于未能充分了解灾民的需求，中心面对如此多的志愿者不知所措。而且，由于中心本身各工作人员的职务都没有明确分配好，更无法应对接踵而至的志愿者，陷入了混乱的局面。

救援储备站的K氏于28日来到现场。此前，K氏接到"全国震灾联合网络"成员的联络，得知有希望设立志愿者中心，便决定为中心的运营提供相关技术知识。K氏在目睹28日的状况后，提出两项建议。一项是将志愿者中心划分为志愿者接待、（灾民）需求募集和事务局三个部分；另一项是获取当地志愿者组织"南乡町志愿者友谊会"的协助，游走南乡街各区域，了解灾民的需求。这两项提案，很快于29日开始实行。依照这些提案，志愿者中心的工作马上得以顺利进行，和前一天的情况截然相反。首先，把中心划分为三个部分，各自职责明确，迅速跟上了志愿者们的节奏。另一方面为了了解灾民的需求，志愿者走街串巷，中心形象深入到了灾民心中，灾民向中心发来的请求也随之增加。加之与当地的居民组织"南乡町志愿者友谊会"同进共出，中心的工作人员也可以轻松地跟灾民沟通。

以救援储备站为首的外地非营利组织于7月30日以后逐渐撤出南乡町。此后，从附近地区的社会福祉协议会赶来援助的职员也进驻中心，以南乡町社会福祉协议会为中心，志愿者中心活动顺利开展，截至8月12日活动结束时，总计2089名志愿者为灾民解决问题280件。

第五节　地方政府、非营利组织、普通市民

前面对救援储备站的平时的防灾启蒙活动和紧急时的救援工作的具体情况进行了介绍。本章开头指出了思考灾害非营利组织问题时最重要的两点：1. 如何应对灾害的非日常性才是灾害非营

第5章 防灾：建立强有力的抗灾社区

利组织的课题；2.灾害非营利组织有可能促进地方政府和市民之间新的合作体制的产生。下文将结合对救援储备站的事例的研究，对这两点进行深入的分析。我们本节首先对2.进行分析。

"市民参加"说起来是很容易的事情，可是在"地方政府—普通市民"的框架中实行却并非易事。至少在现阶段的日本，政府与普通市民的距离依然很大。虽然普通市民在对政府诸多不满的同时，也存在着"政府会处理的"、"（这事）应该由政府来管"的依赖性。另一方面，政府方面也有从普通市民的被动性上寻求稳定的强烈倾向。尤其是在灾害这种极少发生的问题上，政府和市民之间的距离，再加上彼此的漠不关心，造成了社会防灾能力的薄弱。

救援储备站的事例显示，灾害非营利组织的加入能够拉近政府和普通市民之间的距离。在发生灾害的紧急时刻，救灾非营利组织建立了志愿者中心，使普通市民志愿者与机能处于瘫痪状态的政府的合作成为可能。此外，即使在平时，灾害非营利组织也能发挥政府所没有的技术知识和经验，针对市民开展防灾启蒙活动。然而，灾害非营利组织的作用不限于、也不应该仅限于为政府拾漏补缺，拉近政府与普通市民的距离。

第一，灾害非营利组织的立场不同于政府，原本在政府的规则和逻辑下无法开展的活动，非营利组织却可以面向市民展开。政府的原则在于公平，难以为了给一部分人提供个别的服务而牺牲公平的原则。但是，有的人确实需要某些特别的服务，还有的人为社区着想，独立思考，希望自发行动作出些贡献；他们尽管不代表所有的人，但非营利组织却可以针对这些人开展具有非营利组织特色的活动——这就是救援储备站在平时为灾害弱势群体开展的活动，以及在东山学区社区开展的防灾启蒙活动给予我们的启示。

第二，非营利组织将会改变政府。如果是成绩斐然的非营利组织，可以通过对政府提意见和建议改变政府。而且，非营利组织通过推动涉及多个政府部门、行政机关的合作性项目，也可以打开向上级政府传递意见的渠道。事实上，在笔者一行实施的针对政府相关人员的访谈式调查中得知，由于灾害非营利组织的存在及其活动，发生紧急情况时对县与市町村之间的关系、社会福祉协议会与政府部门之间的关系，都受到了质疑和反思。

但是，随着非营利组织在实现市民参加的社会防灾能力强化中发挥的作用越来越大，现阶段亟待解决的问题随之被放大。正如政府人员所说的："政府敢放心与之结成合作伙伴关系的，（在名古屋）只有救援储备站。"非营利组织的积累还远远不够，社会渗透性还很薄弱。但是，认为为了解决这个问题就"应该加快增设类似救援储备站这样专门从事防灾救灾工作的非营利组织"，这样的想法过于单纯。当然，社会需要一些如救援储备站的非营利组织是无疑的。但如果因此功能和作用只针对灾害这种鲜少发生的问题上的非营利组织大量出现并且长期存在，显然是不可能的。毕竟，非营利组织主要还是以通过日常问题的解决和日常性的成就感、充实感为志向的团体。真正需要增加的，是日常开展看似与灾害无关的活动，却具备突发灾害时能够迅速组织救灾的潜力的团体，以及在日常的活动中以间接的方式有利于防灾的团体。

第六节 基于规范理论和运动理论的考察——日常性与非日常的衔接

最后，我们来考察思考灾害非营利组织问题的另一个要点，即如何应对灾害的非日常性。救援储备站的一名核心人员说过："虽然这么说很对不起受灾者，但一发生灾害我就会很激动。"这句话听起来好像是期待他人不幸的不恰当发言。但笔者听来，这句话相当于一颗"我早有准备"的定心丸。假如笔者自己遭到灾害，就会希望能够出现这样一个能够说出这句话，并实际赶来救援的人。

是否有外科医生对我们这个社会来说将有天壤之别，我们需要医术高明的外科医生。而外科医生磨练着自己的技术，以等待

第5章　防灾：建立强有力的抗灾社区

利组织的课题；2.灾害非营利组织有可能促进地方政府和市民之间新的合作体制的产生。下文将结合对救援储备站的事例的研究，对这两点进行深入的分析。我们本节首先对2.进行分析。

"市民参加"说起来是很容易的事情，可是在"地方政府—普通市民"的框架中实行却并非易事。至少在现阶段的日本，政府与普通市民的距离依然很大。虽然普通市民在对政府诸多不满的同时，也存在着"政府会处理的"、"（这事）应该由政府来管"的依赖性。另一方面，政府方面也有从普通市民的被动性上寻求稳定的强烈倾向。尤其是在灾害这种极少发生的问题上，政府和市民之间的距离，再加上彼此的漠不关心，造成了社会防灾能力的薄弱。

救援储备站的事例显示，灾害非营利组织的加入能够拉近政府和普通市民之间的距离。在发生灾害的紧急时刻，救灾非营利组织建立了志愿者中心，使普通市民志愿者与机能处于瘫痪状态的政府的合作成为可能。此外，即使在平时，灾害非营利组织也能发挥政府所没有的技术知识和经验，针对市民开展防灾启蒙活动。然而，灾害非营利组织的作用不限于、也不应该仅限于为政府拾漏补缺，拉近政府与普通市民的距离。

第一，灾害非营利组织的立场不同于政府，原本在政府的规则和逻辑下无法开展的活动，非营利组织却可以面向市民展开。政府的原则在于公平，难以为了给一部分人提供个别的服务而牺牲公平的原则。但是，有的人确实需要某些特别的服务，还有的人为社区着想，独立思考，希望自发行动作出些贡献；他们尽管不代表所有的人，但非营利组织却可以针对这些人开展具有非营利组织特色的活动——这就是救援储备站在平时为灾害弱势群体开展的活动，以及在东山学区社区开展的防灾启蒙活动给予我们的启示。

第二，非营利组织将会改变政府。如果是成绩斐然的非营利组织，可以通过对政府提意见和建议改变政府。而且，非营利组织通过推动涉及多个政府部门、行政机关的合作性项目，也可以打开向上级政府传递意见的渠道。事实上,在笔者一行实施的针对政府相关人员的访谈式调查中得知,由于灾害非营利组织的存在及其活动,发生紧急情况时对县与市町村之间的关系、社会福祉协议会与政府部门之间的关系,都受到了质疑和反思。

但是,随着非营利组织在实现市民参加的社会防灾能力强化中发挥的作用越来越大,现阶段亟待解决的问题随之被放大。正如政府人员所说的:"政府敢放心与之结成合作伙伴关系的,(在名古屋)只有救援储备站。"非营利组织的积累还远远不够,社会渗透性还很薄弱。但是,认为为了解决这个问题就"应该加快增设类似救援储备站这样专门从事防灾救灾工作的非营利组织",这样的想法过于单纯。当然,社会需要一些如救援储备站的非营利组织是无疑的。但如果因此功能和作用只针对灾害这种鲜少发生的问题上的非营利组织大量出现并且长期存在,显然是不可能的。毕竟,非营利组织主要还是以通过日常问题的解决和日常性的成就感、充实感为志向的团体。真正需要增加的,是日常开展看似与灾害无关的活动,却具备突发灾害时能够迅速组织救灾的潜力的团体,以及在日常的活动中以间接的方式有利于防灾的团体。

第六节　基于规范理论和运动理论的考察——日常性与非日常的衔接

最后,我们来考察思考灾害非营利组织问题的另一个要点,即如何应对灾害的非日常性。救援储备站的一名核心人员说过:"虽然这么说很对不起受灾者,但一发生灾害我就会很激动。"这句话听起来好像是期待他人不幸的不恰当发言。但笔者听来,这句话相当于一颗"我早有准备"的定心丸。假如笔者自己遭到灾害,就会希望能够出现这样一个能够说出这句话,并实际赶来救援的人。

是否有外科医生对我们这个社会来说将有天壤之别,我们需要医术高明的外科医生。而外科医生磨练着自己的技术,以等待

第5章 防灾：建立强有力的抗灾社区

让他们发挥本领的患者的出现。患者的出现能使千锤百炼的医术得以发挥，令医生心潮澎湃，这与以上救援是同理的。

回顾阪神·淡路大地震之前，有人说过这样的话吗？即使到现在，政府的防灾负责人中又有几个说过（敢说）这样的话呢？但是笔者认为，不管实际上是否说出这句话，这种意识在相当多的灾害非营利组织人士之间是共通的。

平时的防灾活动与紧急时的救援活动——这种日常性与非日常性通过灾害非营利组织连接在一起。救援活动的宝贵经验是日常防灾启蒙活动的食粮。首先，正因为灾害非营利组织有过曾经置身于现实中的灾区参加支援活动的成绩，普通市民才会倾听到他们的声音。另一方面，平时的防灾启蒙活动，对灾害非营利组织来说，既是凝聚和传播救灾经验的机会，也是为下一次救援活动模拟演练的机会。平时的防灾启蒙活动是为普通市民开展的启蒙活动，同时对灾害非营利组织来说，也是为可能到来的救灾活动储备和强化能源的"场"。

先前提到的救援储备站的核心成员的这句话，是只有徘徊在日常与非日常之间的人才会说出的话语。不，不只是这句话，包括这句话在内的新的行为"群"正在形成，并得到维持、扩大和充实。用第1章的概念来说，阪神·淡路大地震以来，以灾害非营利组织为中心，以往没有过的"规范"正在形成。

但是，这种规范还没有充分渗透到整个社会中。灾害非营利组织的社会认知度还很低，低到即使灾民身陷混乱的漩涡之中，都未必会想到向志愿者求助也是一种选择。即使是政府方面，除了少数的非营利组织理解者，至今依然依赖着"政府—普通市民"的传统模式。从数量来看，能使政府信赖的灾害非营利组织还不够多。灾害非营利组织的挑战尚处于刚刚开始的阶段。

灾害非营利组织救援储备站是日常防灾活动和灾害救援活动相互依存关系的典型例子（图5-3）。"灾害总在人们忘记的时候发生"，灾害是一生都未必能遭遇一次的事情。对如此稀少的事情进行日常的准备不是件简单的事情。但是，放眼全日本乃至世界各地，重大灾害频繁发生，往往需要来自国内外的支援。在这种情况下，灾害非营利组织会在人力和资金条件允许的情况下，赶赴灾区开展救援工作。即使不在现场，也会利用平时发展的网络开展后援工作。

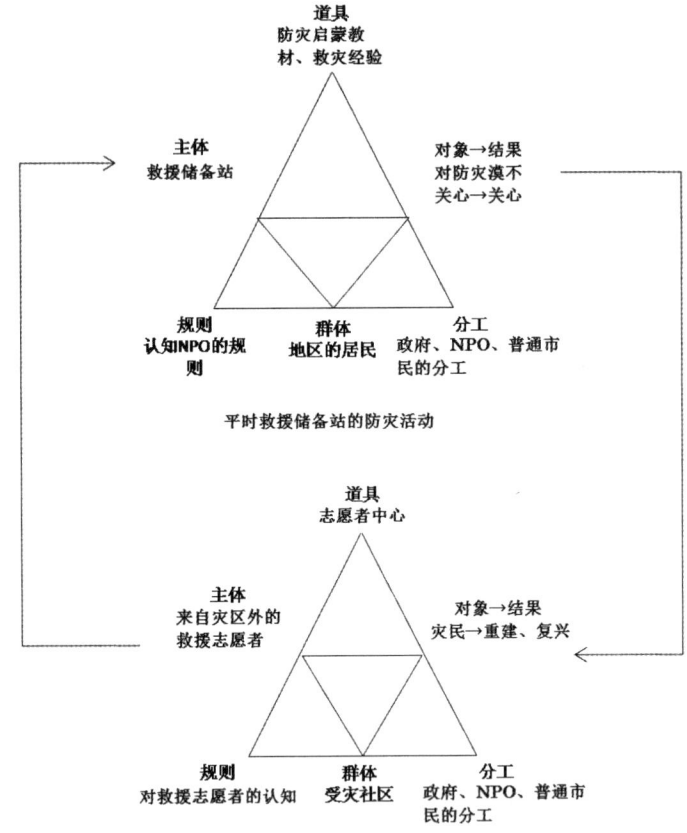

图5-3 救援储备站的防灾活动与救灾活动的关系

灾害非营利组织的救援活动将成为平时的防灾启蒙活动的宝贵经验——救援活动生产防灾启蒙活动的"道具"。而且，参加

第5章 防灾：建立强有力的抗灾社区

救援活动产生的新的体验，又会不断改变防灾启蒙活动的"主体"——灾害非营利组织，也就是不断生产新的主体。另外，平时的防灾启蒙活动有利于维持灾害非营利组织在发生"突发的灾害"时成为救援活动"主体"的潜能，即有利于生产救援活动的"主体"。而且，平时的启发活动的策划和执行也是灾害时的救援活动（如建立支援者中心）的模拟，即生产救援活动的"道具"。

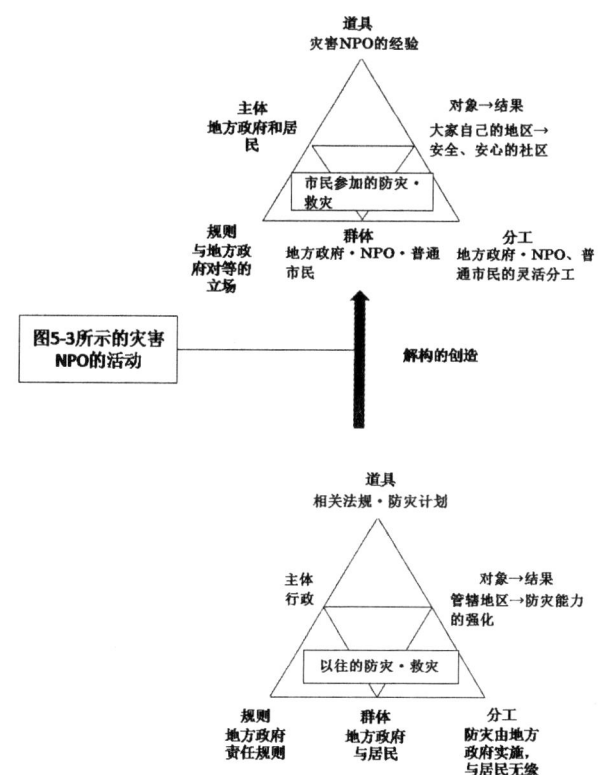

图5-4 学习活动的事例：灾害NPO的活动

正如上一节所述，灾害非营利组织的活动正在把一直以来的依赖于政府的防灾救灾活动，改变成为市民参加型的活动。这意味着，灾害非营利组织的活动是一种学习活动，即解构以往的防灾救灾活动，创造新的防灾救灾活动。图5-4正体现了灾害非营利组织的活动拥有作为学习活动的可能性。

●第5章引用文献●

（1）Yatsuzuka, I.（1999）*The Activity of Disaster Relief Volunteers from Viewpoint of Social Representations: Social Construction of 'Borantia' (Volunteet) as a New Social Reality after the 1995 Great Hanshin Earthquake in Japan*. In T.Sugiman et al. (Eds.), *Progress in Asian Social Psychology*, vol. 2: 275-290.

（2）渥美公秀、杉万俊夫，《災害救援活動の初動時における災害NPOと行政との連携：阪神・淡路大震災との比較から》，京都大学防災研究所年報，第四六号B，93-98页，2003年。

（3）北岛勉，《水害救援ボランティア支援活動に思う》，2002年。

第6章　家庭:"无血缘亲缘关系"

乐木章子

第一节　不孕与领养

随着生活方式的多样化,选择不结婚或不生孩子的人也不再稀奇。然而另一方面,依然根深蒂固地保留着"结婚、生子"是天经地义的"社会常识"。在这种"社会常识"下,由于不孕等原因,想要孩子却生不出孩子的夫妇承受着内心的痛苦煎熬:到底是为怀上孩子继续努力呢,还是放弃呢?"还没有孩子吗?""早生为好。""怎么了,你们不要孩子吗?"等等,身边的人们(亲人、朋友、邻居)的无心之言都深深刺痛着内心。

对于想要孩子的夫妇来说,"不孕"是一件残酷的事情。比起不孕的治疗带来身体上、经济上、时间上的负担,心理上的打击更是超乎想象[1-3]。不孕咨询师平山认为,不孕会导致社会孤立、心理危机、对象丧失、自恋性伤害,最终导致"自我同一性的危机"[4]。我们每个人从小就在"结婚生育"的(与生殖相关的)故事中成长。这种故事在自觉与非自觉中的重复中,甚至渗透到了自我同一性的核心中。而不孕却将当事人自己的人生故事背离了自我同一性核心中的故事而摆到了人们面前。但是,即使放弃"怀上"自己的孩子的想法,也有拥有"自己的孩子"、享受天伦之乐的办法。那就是"领养"。实际上,通过领养,夫妇与无血缘关系的孩子组成"亲子关系的生活"个案并不少见。特别是1988年实行"特别领养制度"以来,取消了孩子及其亲生父母在法律上的亲子关系,使得养子女在户籍上获得与亲生子女相同的待遇成为可能。然而,要建立无血缘关系的"亲缘关系"并将其维持下去绝非易事。首先,夫妇二人必须作出决断,将并无血缘关系的养子女视如己出。作出这个决断,就意味着要颠覆夫妇二人一直以来所接受的亲子关系的前提——"存在血缘关系"这一前提。其次,必须将重新建立起来的前提——"即使无血缘关系,也是'我们的孩子'"的前提——在和养子女共同生活的日子里维持、巩固下去。

本章将要介绍的"环之会",就是一个为建立和维持这种"无血缘亲缘关系"提供支持的团体。"环之会"以其独特的方法,创建"无血缘亲缘关系"。在"环之会"援助之下诞生的家庭,通过网络和其他这样的家庭相互联系、互相支撑,甚至参与活动帮助别的家庭建立新的"无血缘亲缘关系"。笔者于2001年7月与"环之会"的领导人Y氏(见下文)相识。自此,笔者在一同参与下文中介绍的活动的同时,对"环之会"持续开展田野研究。

人们常说,孩子是维系夫妻关系的纽带;其实孩子也是维系社区的纽带。即使是在面临社区崩溃的城市区域,小学的学区也是以社区为单位发挥作用的。孩子之间在共同就读的学校里建立的人际关系,使原本素不相识的家长之间也建立起了联系。学校的运动会、PTA等活动都是促进新的相遇的契机。那么,"无血缘亲缘关系"与社区有着何种联系呢?社区中的家庭,除了单身家庭和丁克家庭,几乎都是通过有血缘关系的亲子关系构成的。在这种环境里,有一个孤零零的"无血缘亲缘关系"。"这孩子真像他父亲/母亲"等说者无意的话语,也会让听者有心的养父母的"亲子的前提"产生动摇。"无血缘亲缘关系"必须随时对抗周围世界的侵蚀。正因如此,无血缘关系的家庭之间的网络关系有着重要的意义。

"无血缘亲缘关系"作为社区中的异类,对人们的亲缘关系和家庭关系的存在方式提出疑问。父母虐待孩子,子女杀害父母,这些惨不忍睹的案例让人们痛感血缘关系也未必能保证正常的亲子关系。"有子女"意味着什么?"养育子女"又意味着什么?"无血缘亲缘关系"这一异类以其在社区中的存在本身,向我们发出了这些根本性的疑问。

第6章 家庭:"无血缘亲缘关系"

第二节 "无血缘亲缘关系"的支援网络的活动
——非营利组织法人"环之会"案例

"环之会"设立的原委

"环之会"成立于1991年10月,2000年被认证为特定非营利活动法人(NPO)。下文将对"环之会"诞生经过作简单的概述。

参与"环之会"设立的核心人物,是个案工作者Y氏和妇产科医生H氏二人(均为女性)。二人都有着特殊的经历。1970年代后期,身为设计师活跃于美国的Y氏由于患恶性妇科疾病,经历了徘徊在生死边缘的体验。经历九死一生,感受到生命可贵的Y氏对终生从事设计师的工作失去了兴趣,选择了回国。一个偶然的机会,她阅读了菊田升医生[5]的著作。当时,菊田医生披露为了挽救受非愿望的怀孕之苦的母亲和胎儿的生命,伪造出生证明,把产下的婴儿介绍给不孕却渴望拥有孩子的夫妇为亲生子女。被这部著作深深打动的Y氏立即拜访了菊田医生。她与菊田医生的信念产生了共鸣,开始从事将一些非愿望出生的孩子送到国外接受领养的活动。

另一方面,H氏在1980年代前期在大学理工科系就读本科。偶然在学园节上听到了菊田医生的演讲。当时,H氏与菊田医生的激情产生了强烈的共鸣,决定成为一名妇产科医生,救助被生下来的婴儿的生命。她重新进入医学系,并最终走上了医生的道路。就这样,Y氏与H氏通过菊田医生相遇了。

但是,Y氏开始对"跨国领养"的活动产生了疑问。Y氏回忆当时的心境说道:"(跨国领养活动)虽然确实保住了(孩子们的)性命,但是有没有长远地考虑到他们人生。这些身在异国他乡的孩子们将来如果有什么烦恼,到哪儿、找什么人商量呢?"当时正值1988年特别领养制度出台。以此为契机,Y氏从菊田医生处独立,与已经成为妇产科医生的H氏成立了"环之会"。

社区的集团动力学

活动内容及其特征

环之会的具体活动内容如下：①接受计划外怀孕者和不具备生产条件者的咨询，②对生子而不能履行养育义务者提供领养支持，③接受不孕夫妇的咨询，④推动一般居民理解领养的启蒙运动[6]。环之会坚持认为，正如其图标所象征的，孩子始终都是主体，生父母、养父母、一般社会（社区）都应该支持孩子的成长（图6-1）。从设立到2005年的15年间，约有200个孩子迎来了他们的养父母。

图6-1 "环之会"的标志

"环之会"主要支援为怀孕而烦恼的女性，以领养中介为二次派生活动。Y氏利用互联网和24小时电话接受咨询。首先了解当事人目前的处境和可能接受的社会援助，与当事人一起考虑腹中胎儿的将来。由于咨询不反对堕胎，有时也会出现堕胎的案例。"环之会"把堕胎后的后续支持也列为工作的一环[7]。如果决定生产，必要时"环之会"会介绍安全可靠的医院，或为分娩后的母子提供可以静养的临时住处。为母子准备好能够安定下来共同生活的环境后，等待当事人作出抚养孩子还是送交他人领养的决定。一般的领养状况是，孩子出生后，立刻就会从母亲身边带走送养，目的是防止母亲对孩子产生感情，而"环之会"的做法与之相反。

第6章 家庭:"无血缘亲缘关系"

生父母作出把孩子送给别人领养(送养)的决定之后,如果改变主意提出要自己抚养孩子,即使此时已经确定了养父母,甚至养父母已经开始同孩子共同生活,只要是在养子关系正式成立之前,也会尊重母亲的意愿,让孩子回到亲生母亲身边。这也是普通的领养中无法看到的一个特征。通常情况下,个案工作者面对孩子生母的反悔,会迫使其放弃。Y氏基本上是在"孩子最好是由亲生的母亲抚养"的原则下,对母亲提供支持的。但是,即使生母最后选择将孩子送养他人,把孩子托付给养父母的举动也意味着她"保护了孩子",因此生父母也会得到尊重。这一点也和通常认为送养就是对孩子的"遗弃"的观点是相反的。

如上所述,由于"环之会"原本的宗旨(不在于领养的斡旋)在于为计划外怀孕的女性提供支援,因此即使是在寻找领养者的情况下,也会最大限度地优先考虑生父母的意愿。也就是说,按照亲生母亲的希望选择养父母候选人,并得到生父母的同意。而且,孩子的名字,原则上由生父母决定,而养父母要接受和遵从生母对孩子的一片心意。另外,养父母不得对孩子的年龄、性别、国籍、有无残障等指定条件,必须无条件地迎领孩子。通常的领养与之相反,生父母不得以任何方式参与挑选养父母的流程。相反,养父母方面可以针对孩子的年龄、性别、国籍、有无残障等各方面提出自己的要求。应该特别说明的是,领养成立之后,即使生父母和孩子之间的关系在法律上已被解除,生父母和养父母仍可在"环之会"的中介下保持联系。在一些发达国家生父母和养父母以孩子为媒介保持开放式过继(open adoption),而日本则以封闭式过继(closed adoption)为原则。也就是说,生父母和养父母不仅几乎没有面对面的机会,甚至有避开相互接触的强烈倾向。

归根到底,"环之会"中的生父母和养父母的关系也可以说是半开放式过继(semi-open adoption)。这是因为从一开始就明确规定,两者之间必须通过"环之会"的中介。逢年过节时生父母和养父母相互赠送礼品,生父母在孩子的生日赠送生日礼物,养父母也时常用照片或写信的方式向生父母报告孩子的成长情况，甚至还有养父母通过"环之会"让孩子定期与生父母见面。当然，也有按照生父母的意愿完全脱离关系的情况。

领养流程

下面对通过"环之会"领养孩子的过程进行简要概述。一系列流程包括：说明会、面试、养父母培训、家访调查、抚养体验培训、开始与养子女生活、办理领养手续。以下，对流程中的各个环节进行说明。

1. 说明会：想领养孩子的夫妇最初接触"环之会"就是通过说明会。说明会就"环之会"的设立原委、目的、活动的内容、养父母的条件进行说明，并回答各种提问。

2. 面试：由"环之会"代表Y氏和H氏为首的多名理事、已经有过领养经验的人进行候补"养父母候选人"的筛选。除夫妇的年龄、职业、结婚年数、家庭结构等一般性的问题之外，还包括详细了解不孕的治疗情况，以及在治疗过程中的矛盾心理等。对于不能挑选孩子的国籍或身体状况，而必须"无条件"迎领孩子，面试中将确认对方是否对此有心理准备；另外，面试还会询问对生身父母的看法。

3. 养父母进修：通过面试，成为"环之会"养父母候选人的夫妇有义务接受为期三天（约21小时）的培训。详见下文。

4. 家访调查：如果已经有了等待领养的孩子，"环之会"会在培训结束后立刻访问养父母的家庭，进行调查。此时将对该夫妇说明孩子的年龄、发育状况以及生父母的基本情况（但不告知性别）。同时，对生父母也将提供养父母候选人的有关信息，确认生父母是否同意把孩子托付给对方。

5. 抚养培训：在明确生父母和养父母的意思后，会尽早在临时安置孩子的幼儿抚养机构实行为期三天两夜的育儿培训。通过培训不仅能够了解婴儿的个性，提高抚养婴儿的能力，同时也是生父母和养父母的初次见面的机会。生父母对养父母倾诉自己对孩子的感情，诉说孩子名字的由来，养父母则对生父母表示谢意

第6章 家庭:"无血缘亲缘关系"

并表达接纳孩子未来人生的决心。

这种生父母和养父母见面的场景显现出浓厚的"环之会"独有的特征,在其他领养关系中是不可想象的(参见章末附录《片段:生父母与养父母面对面》)。

6. 迎领孩子及办理领养手续:抚养培训结束后,孩子开始与养父母的共同生活。一般以孩子来到养父母的家庭三个月后(此时作为"家人"的生活已经安定下来),办理特别领养手续。到家庭裁判所下达判决、正式完成入籍之时,大约是孩子来到新家一年后。

养父母进修:迈向"无血缘亲缘关系"的第一步

从与"环之会"接触到领养的过程中,最重要的是"养父母进修"。"养父母进修"是非血缘关系向着"无血缘亲缘关系"迈出的最初的一大步。进修的目的被定位在帮助领养孩子的夫妇"回顾过去的人生,创造新的未来"。每个参加者都经历过结婚后不管多么想要孩子,却因不孕,不得不放弃怀孕希望的过去。下面我们对进修指导的重点进行概括。重点包括:关于领养用语的再评价、回顾过去、认识到自己的偏见、生父母的存在与告知(传达事实),以及无条件迎领孩子的思想准备和决心。

一、用语的再评价

摆脱一直以来对领养的消极印象的第一步,是有关领养用语的重新审视。具体来说,将"血亲·养亲"这一用语转换成"生父母·养父母";将"告知"(告诉孩子无血缘关系)"改为"叙说";将"非愿望的怀孕"改为"计划外怀孕";将"获得养子"改为"迎接养子"。通常使用的"血亲"这一称呼,暗含了"养亲"(不是真正的父母),告知有难以启齿的事项的意思,非愿望的出生、认领养子意味着轻视孩子的存在。但是,"环之会"所使用的措辞,"生父母和养父母"的名称将两者放在了"都是事实父母"的平等地位上;而"对话"则是日常生活中正在进行的非常自然的话语状态;"计划外怀孕"一词不再否定孩子的存在价值,"迎接养子"包含了养父母有缘养育该孩子的意思。

社区的集团动力学

这些不是单纯地改变说法。因为从集团动力学的视角解释，有意识地改变一个集体使用的语句，是改变动态的集体[8]。如果这些用语能被理所当然地自然使用，并且被固定化，社会对于养子女和领养的印象，乃至意识和态度都会自然发生巨大的变化。

二、对过去的回顾

为了加深对自己的理解，将焦点集中于自己成长的家庭环境，以及过去的人生当中留下深刻印象的事情（生活事件，life event）。也就是说，对参加者的成长经历和家庭关系，以及过去的人生当中最快乐的事情、后悔的事情、悲伤的事情、无法释怀的事情、感动的事情进行讨论。

参加者最重要的生活事件中，几乎无一例外地，都有"不孕带来的心理创伤"。不孕的治疗是一场看不见终点的长期战争，而丧失体验的症状也会几个月几个月地反复，无法言喻的愤怒和悲伤在心中重重积累。这种状况还会给夫妇关系、家庭关系、朋友关系带来阴影。遭遇不孕而伤痕累累的过去，几乎支配了夫妇们的人生。

Y氏鼓励参加者将包括不孕、家庭纠纷和少年时代的痛苦记忆等在内的，过去无法用语言表达出来的苦恼倾诉出来。参加者也在拥有了倾听者、共同分享自己经验的过程中，将经验语言化、相对化，学会了从崭新的视角来解释自己的经验。比如，正因为遭遇了不孕，才有今天的自己，才能和丈夫成为真正的夫妻。把那些除了痛苦还是痛苦的经验，看作对现在的自己而言是有含义的经验来重新理解。这个过程正是参加者改写自己的故事的过程，也就是叙事治疗[9]的过程。

三、认识到自己的偏见

治愈了不孕问题带来的心理创伤后，"养子女"和"领养"成为讨论的主题。在此阶段，夫妇仍未触及实际迎来养子女之后的抚养问题。在这一阶段，主要围绕同社区的一般居民，乃至社会上的普通人对养子女和领养的抱着怎样的印象发表各自的意见。绝大多数的参加者提出，社会上对养子女与生父母甚至养父母有

第6章 家庭:"无血缘亲缘关系"

根深蒂固的偏见,对自己迎领养子女之后,能否为社区所接受表示担忧。但Y氏指出,参加者所怀有这些针对"邻里"以及"社会上"的担忧,实际上正是参加者自己对养子女和领养无意识地持有的偏见所导致的逆反作用(reaction formation)。她还提醒道,如果不能从对"邻里"和"社会上"的不安中解脱出来的话,正如"自我履行诺言(self-fulfilling prophecy)",参加者所担忧的事态的确会变成事实。为避免担忧成为现实,参加者只能从根本上改写自己对"社会"的印象。为此,参加者必须要做到"了解自己,改变自己"。也就是说:①如果认识到社会的滤镜折射出的正是自己无意识的偏见,决心改变自己,②自己对社会的姿态/态度和行为也必然会发生变化,最后的结果,③社会对自己的姿态/态度会发生变化。①~③是无限循环的结构。Y氏认为,为了让无血缘关系的父母和子女能够自然坦然地共度幸福的人生,必须首先让养父母夫妇自身改变对养子女和领养的偏见。

四、生父母的存在与叙说

前面提到过,人们对于生父母,一般都是否定性的看法。人们倾向于使用一种描述不堪的、不负责任的行为的口吻,如:"以未婚生子无力抚养为由把孩子抛弃了。"在养父母的想象中,也往往是"现在是抛弃了,将来不知道哪天又突然冒出来,打乱孩子的心绪。动不动就会来夺回孩子,真是个威胁,所以就应该彻底断绝关系、彻底忘记"的形象。

与这些刻板印象形成对比的是,进修过程非常强调"生父母"应当受到尊重。生父母创造了一个独一无二的生命,在腹中孕育这个生命,并冒死生下了他/她,却为了孩子的幸福着想,宁愿作出放手的痛苦抉择。生母亲和孩子之间被超越血缘的关系紧紧联系在一起。甚至提出是孩子选择由生父母孕育自己的观点。既然"生父母"即使放手将孩子送养,也依然和孩子之间有着无法切断的纽带关系,并且值得尊重,那么,对孩子讲述其生父母的事实——叙说(Telling)——当然是必要的了。反过来说,如果对孩子隐瞒生父母的存在,无论对孩子还是对生父母都是一种严重的背叛行为。换句话说，养父母在迎来孩子以后，必须通过叙说，让"生父母"的存在融入自己与孩子当中。

五、无条件迎领孩子的决心

准备从"环之会"迎领孩子时，最令夫妇心中纠结的是，无论什么样的孩子都必须"无条件"地迎领他/她。"无条件"意味着领养的夫妇一方不能对将要迎领的孩子提出任何要求。孩子的月龄、性别暂且不论，万一迎来的是个残障儿或外籍婴儿，几乎所有夫妇都会有所顾虑和犹豫。从说明会到进修的过程中，一大半的夫妇对此进行多次讨论，坚定了意志和决心。养父母的"会迎来个什么样的孩子呢"的期待与不安，和生父母的"会生出来个什么样的孩子呢"的心情是相通的。不论是否血缘相连，父母和子女之所以成为父母和子女，正是在于这种"不管什么样的孩子，都是我们的孩子"的接受命运、与孩子共度人生的思想准备。但是，当确认孩子身有残障时，还是会有少数的夫妇拒绝领养："（如果是生的孩子，还不能事先知道有残障，）为什么领养却非要挑个有残障的孩子呢？"这样的夫妇即使还希望能有下一次机会（领养其他的孩子），但一旦他们拒绝了第一个孩子，就被认为是触犯了"对孩子有所要求"的禁忌，一般都会被解除与"环之会"之间的关系。

第三节 "环之会"支援组织的活动

"环之会"的最大特征，就是迎领孩子后，所有养父母自动成为"环之会"的支援组织"SUPPORTING MEMBER（简称"支持者"，SUPPORTER）"的一员，支持"环之会"的活动。以往的领养中，领养就是目标之一，领养成立之后，是否继续与领养的中介组织保持关系由养父母自行决定。就是说，实际上领养一旦成立，养父母与团体之间的关系就自然解除。相反，"环之会"的基本结构则是一旦收养关系成立反而和组织会不断加深关系。支持者的活动不仅包括支援者之间的和睦相处，还涉及参与"环之会"

第6章 家庭："无血缘亲缘关系"

组织的运营、面向社会的对外宣传等多个领域。这也是建立支援者之间的"环"的活动。领养关系的建立也是新的家庭和"环之会"之间关系的建立。

每年有10对以上的夫妇从全国各地加入支持者行列。为了不使新成员感到被孤立，好几名老成员都会主动上前打招呼。而每当有新成员加入，成员名单和联络网都会迅速更新，新成员及其养子女的介绍、活动的联系方式都会在第一时间发送给全体成员。支持者专用的网络联络板也发挥着积极的作用。在支持者每两个月发行一次"环新闻"，主要内容包括介绍新的领养家庭、养子女的近况报告、关于告知的报告、养子女创作的绘画作品或书信、事务所的动态等。此外，还特设支援者聚会，不仅能增进彼此之间的感情，也是让每个成员都能诚恳地参与讨论"环之会"的发展的场所。这些支援者之间的关系，在笔者眼中就像一个大家庭。而孩子们既是个别的养父母的孩子，同时也是诞生于"环之会"的孩子，在所有的养父母的关爱下长大成人，并互相支持。

在"环之会"的活动中，支持者的活跃程度和发挥的作用越来越大，深深参与到了"环之会"的运营之中。不光是事务局的助理，"环之会"网站的制作和维护、普通参加者也可参加的研讨会的策划和执行、面向领养申请者说明会的召开、领养夫妇的面试等工作中，支持者的作用越来越大。特别是研论会、说明会等事务，Y氏已经完全脱手，交由支持者处理。2003年以来，支持者也开始参与养父母候选人的面试。这不仅是对领养申请者进行多角度的评价，也包含对自己举办的说明会进行自我评价的意愿。同时，也是对能否在将来加入"环之会"，与现有成员建立合作关系的一种测试。

前面已经说过，"环之会"的收养机制尊重生父母，要求养父母无条件地迎领孩子，不对学校和当地隐瞒养子女的身份，自然坦然地生活，这些都是对前所未有的新的领养模式的探索。身为支持者的父母和子女正是亲身实践这种新的领养模式，并向社会传递信息。有些对领养犹豫不决的夫妇参加说明会时亲眼目睹支持者的亲子之间自然的关系,从而决定领养,这样的案例不在少数。研讨会上的普通参加者和保育志愿者亲眼目睹支持者们实际中的样子,对养子女及养父母的看法也开始向积极肯定的方向变化。以支持者父母及子女为对象的研究表明,在为人父母的充实感、对儿女及其抚养的肯定性评价以及把孩子视为个体尊重的态度上,支持者的意识高于一般的父母[10]。

第四节 建立"无血缘亲缘关系"

什么是"血缘"

在探讨"无血缘亲缘关系"之前,我们先来讨论一下"什么叫血缘关系"。父母和子女之间独有的纽带关系,一般来说,正是"血缘"。换句话来说,"为什么我是这个孩子的父母?""为什么这个孩子是我的孩子?"答案的根源性的根据就是"血缘"。"因为有血缘关系,所以是父母和子女",这是最根本的根据、无法继续追究的答案。如果再继续追问"为什么会有血缘关系"就没有意义了。当然,同样以血缘关系为根据,在每个家庭中呈现的亲缘关系和家庭生活也会千姿百态。有的家庭允许父亲对孩子实行体罚来进行管教,而有的家庭则严禁对孩子进行体罚。但是,如果我们追问前一种家庭中为什么父亲可以对孩子实行体罚,最终的答案会归结到"因为父亲和孩子有着血缘关系"上——到了这里,我们也就无法继续追问"为什么父亲和孩子有血缘关系"了。同样,在后一种家庭,最终也会归结到"因为有血缘关系"上(所以不用体罚也可以互相理解),而对血缘关系本身却是无法追究更深层的原因了。

"血缘"作为父母与子女关系的根据,由于我们无法再作更进一步的归因,从这一点上说,可以将其比喻为数学中的"公理"。"公理"是无数数学思考的起点,随后的定理推导也只能在承认公理的基础上进行,而公理本身绝不会成为证明的对象。而血缘在基于亲缘关系的任何活动中,被构建成为相当于先验公理的"前

第6章 家庭:"无血缘亲缘关系"

提"。但是,这终究不过是"前提",有了血缘也不能保证良好的亲缘关系。看看每天充斥于报端的儿童虐待案,我们深深理解到,只有血缘关系是不能理所当然地保证良好的亲缘关系的。这些案件带给我们的震撼就在于:为什么面对身上流着自己的血液的亲生子女,却能够下如此毒手呢?血缘是亲子的始发点,身为亲子的根据。但尽管这是事实,如果不能维持对孩子心怀怜爱地养育(孩子绝对信赖父母、依存父母)活动,就会导致父母与子女之间关系的崩溃。

什么是"无血缘亲缘关系"

养父母和养子之间当然无血缘关系。因此,他们要成为父母和子女需要代替血缘的"身为父母和子女"的前提,也就是"虽没血缘关系也是父母和子女"的不可继续归因的根据。这种"无血缘亲缘关系",最早是在养父母进修中建构起来的。养父母需要通过对以往人生的回顾,认识到不孕的心理创伤等生活事件一直束缚着自己,认识到自己其实一直对养子女和养父母心怀偏见,概括地说就是要下定"重生的决心"。接着,不管是什么样的孩子,都要有"无条件迎领的决心"。"重生的决心"把"只有血缘关系才能成为亲子"的前提改写成"即使无血缘也可以成为亲子"的前提。而"无条件迎领的决心"则制造了"出生的孩子不管是男孩还是女孩,不管是否健康,从出生以前开始就是'我的孩子'"的前提——也就是"在相遇以前,就把养子当作自己宿命注定的孩子"的前提。

前面提到,进修完毕后,一旦有介绍来的孩子就必须迎领,这就是"环之会"的前提;如果拒绝迎领就被视为触犯了"挑选孩子"的禁忌,从而与"环之会"断绝关系。在这个意义上,进修阶段被定义为"一旦有了孩子就'没有退路'的界线"。在迎领养子的整个过程中,明确设定一条"没有退路的界线",要求在相遇之前就作出接受或拒绝的决断,这不仅让人联想到孕妇以怀孕第21周为界线,一旦超过这个时间,无论发生什么情况也必须诞下胎儿。这些"禁忌"和"没有退路的界线"在生产过程中也

社区的集团动力学

能够找到相对应的类似元素，这在很大程度上促进了"即使无血缘也是父母和孩子"的根据的构建(11)。但是，研修只不过是构建"即使无血缘也是父母和孩子"这一根据的第一步。关键是养子女与养父母必须回归到社区（在这个社区里，有血缘关系的"普通的"父母和子女们理所当然地生活着）开始日常的生活。大多数的社区居民无意识地坚信着"有血缘才是父母和子女"。对这些居民来说，无血缘关系的家庭超乎想象。在日常闲聊中脱口而出的"小××的眼睛跟他爸爸一模一样"之类的话语，都会给"即使无血缘也给父母和孩子"的依据带来动摇。无论在进修中如何深刻理解到"改变自己，就是改变周围，必须改变"，坚定地决心公开自家孩子的养子女身份，被社区中的人们另眼看待实在令人不快，而一旦发生什么事，就要遭受左邻右舍的指指点点，这些担忧和不安充斥了整个脑海。在这里，支持者（SUPPORTING MEMBER）的日常活动就体现出了价值。是"环之会"给予了养父母一场名为进修的洗礼；是"环之会"以"无条件地迎领孩子"这块踏绘①对养父母进行考验；也是"环之会"让养父母和他们的孩子相遇。"环之会"带来了养父母们能够依靠的新的"根据"。作为志愿者支持"环之会"开展活动，成为他们在社区当中立足于自己的"根据"生活下去的能源。

  家庭是社区的构成单位。如果说健全的精神寄宿于健全的肉体，那么健全的家庭需要健全的社区，健全的社区又因健全的家庭的结合而成立。反过来说，如果社区瘫痪，其影响会直接或间接地涉及每个家庭。而对邻居漠不关心的家庭、对自己生活的地方漠不关心的家庭，无论聚集得再多也不能成为社区"健全的实体"。然而，社区的问题只着眼于社区内部是无法明白的。无论是构成社区的家庭，还是家庭中的每一个成员，都是在与社区外部

---

  ① 日本的江户幕府时代，德川家康下令禁基督教。"踏绘"是一种刻有基督或圣母像的板，以是否愿意踩踏板面作为判断被检测者是否为基督教徒的依据。——译者注

第6章 家庭："无血缘亲缘关系"

的人和团体的关系中生活着的。社区是与外部持有多种关系的居民们相互碰撞、一起欢笑的舞台。在这个舞台上，每个人身上的关系彼此碰撞、彼此共鸣、彼此融合。"环之会"不断给予无血缘关系的父母和子女登上社区舞台的勇气。这种"无血缘亲缘关系"的出现，包含着以此为契机使一般社区居民重新认识"什么是有子女"和"什么是抚养子女"的可能性。

第五节　基于规范理论的考察——先验性的构成与维持

本章介绍了在无法生育孩子的夫妇和无法得到生父母养育的孩子之间建构"无血缘亲子关系"的实践活动。追问什么是"无血缘的亲缘关系"，自然就成为对"什么是血缘关系"的剖析，从而重新审视通常的父母和子女的关系。

"拥有孩子"会大大改变家庭这一集团的状态——家庭集团的规范发生根本性的变化。孩子的存在打破了平静的二人世界和以大人规则所把持的秩序，生活变成了与孩子斗智斗勇、苦战恶斗的日子。但是在这样的日子中，不断产生父母与孩子、父亲与母亲、孩子与孩子之间的"间身体连锁"，日复一日形成新的规范。规范的大部分是以父母的身体为"第三身体"形成。这些规范是在"因为有血缘关系（因为是父母和子女）"这一根据上结晶化而成。这一"根据"在解释日常行为时，我们已无法再对它作更进一步的归因。它显示出先于日常的行为（经验）而存在的性质（先验性）。

那么，"因为有血缘"这一根据无法适用于养子女和养父母之间，那么他们之间又该建构什么"根据"、如何建构"根据"呢？本章介绍的"环之会"的事例就提出了一个方案。首先，领养申请者通过进修的仪式，又必须通过"无论什么样的孩子都无条件地迎领"的考验。然后，引导养父母们必须抱着"即使无血缘，也是父母和孩子"、"公开无血缘关系的事实，融入社区中生活下去"的觉悟与决心——也就是创造出拟制这种规范的场。但是，相对于养父母和养子女创建一个家庭的漫长时间和庞大空间,这个规范必须是稳定和持续的。即使有一天形成了代替血缘关系的先验规范,如果得不到维持和强化,这种"根据"有可能崩溃在以通常家庭为主的社区中。比如,连"像他父亲/像他母亲"之类无心的论调,都具有撼动养父母—养子女家庭的规范的力量。

在"环之会",迎领养子女之后,夫妇成为"环之会"的支持者(SUPPORTING MEMBER),建立起长期的关系,承担着维持和强化"我们自己的规范"的功能。多个身体逐渐形成"间身体连锁",从而产生"第三身体"并被其作用圈包含其中之时,规范就成立了。"环之会"这一第三身体就通过成员们长期的"间身体连锁"和"先行性形成"得以保持和强化,并籍此抵御日常中来自作用圈外部的侵蚀。

●第6章引用文献●

(1)フィンレージの会,《レポート不妊:フィンレージの会活動報告書》,フィンレージの会,1999年。

(2)フィンレージの会,《新・レポート不妊:不妊治療の実態と生殖技術についての意識調査報告》,フィンレージの会,2000年。

(3)椎崎亮子、松本亜樹子,《ひとりじゃないよ!不妊治療》,角川书店,2001年。

(4)平山史郎,《我が国における生殖医療の現状と選択肢としての養子縁組,環の会シンポジウム報告書》,2003年。

(5)菊田升,《この赤ちゃんにもしあわせを:赤ちゃんあっせん事件の記録》,人間と歴史社,1978年。

菊田升,《お母さん、僕を殺さないで!菊田さんと赤ちゃん斡旋事件の証言》,暁书房,1988年。

(6)横田和子,《産みの親ら育ての親へ、いのちと願いを引き継いて:特別養子縁組の取り組みから》,月刊福祉二:42-44页,2001年。

第6章　家庭:"无血缘亲缘关系"

（7）横田和子,《私たちでよければ手伝いします》,《助産婦雑誌》,五七卷三号，43-49页，2003年。

（8）杉万俊夫,《グループ・ダイナミックスの理論》,中岛义明（编）,《現代心理学[理論]事典》,pp641-659,朝倉書店,2001年。

（9）野口裕二,《物語としてのケア》,金剛出版，2002年。

（10）富田庸子,《養子を迎えるという選択：夫婦関係と子育て観に関する調査》,《新しい家族》,三九卷，2001年。

（11）乐木章子,《施設で育てられた乳幼児との養子縁組を啓発する言説戦略：ある養親講座の事例研究》,《実験心理学研究》,四二卷二号，146-165页，2003年。

片段：生父母与养父母面对面

当那对即将成为养父母的夫妇正以生疏的动作照顾着小H（2个月）时，婴儿的生母来到了房间中。她还是个高中生。养父母立刻让她来抱小H。生母不禁感叹，转眼之间孩子就长大了："又长大了呢，好可爱。"她满怀怜爱地逗着孩子。过了一会儿，在Y氏的询问下，生母开始讲述"小H"这个名字的由来（养父母侧耳倾听）。

不一会儿，生母的双亲（小H的外祖父母）也赶来了。外婆抱着小H说："一抱起来，就忍不住想这么带着他回家了。多可爱的孩子。要是家里能养就再好不过了。"也许是心中五味杂陈，她心疼地眯起了眼睛。"外公也来抱抱吧。"Y氏提议道。"哎呀，我……"外公腼腆地笑着，接过孩子哄他。大家簇拥着小H，时间静静地流逝。聚集在这里的所有人（生母及其双亲、养父母、Y氏以及笔者），此时此刻，都围绕着小H这个核心，共同分享着时间和空间，祈祷着小H的笑容能够永远绽放。

最后，孩子由生母亲手交到了养父母的手中。生母及其双亲你一言我一语地嘱托对方："这个孩子就拜托你们照顾了。请原谅我们的任性，请让他幸福。"养父母也表明了决心："我们答应你们，一定会让他幸福的。我们一定会竭尽全力抚养出你所期待的好孩子。我们会随时告诉你们他成长的近况的。"

当笔者向生母询问今后的打算时，她用明快的表情回答道："我打算考大学。"又微笑着说："爸爸刚刚抱了H，这可是第一次呢。"从女儿怀孕直到生产，乃至生产以后都坚决无法原谅"外孙的存在"的父亲，却在这最后的机会，第一次面对孙子，流露出了外公的爱，对于生母而言，这恐怕比什么都值得高兴。